Faculté de Droit de Paris.

DISSERTATION

POUR

LE DOCTORAT,

SUR

L'HISTOIRE ET LES PRINCIPES

DU RÉGIME HYPOTHÉCAIRE

Dans le Droit Romain

ET DANS LE DROIT FRANÇAIS.

IMPRIMÉ CHEZ PAUL RENOUARD,

Rue Garencière, N. 5, F.-S.-G.

M. DCCC. XXVI.

A M. HENRION DE PENSEY,

Président de la Cour de cassation,

ET

A M. PONCELET,

Professeur-Suppléant à la Faculté de Droit de Paris.

DISSERTATION

POUR

LE DOCTORAT,

SUR

L'HISTOIRE ET LES PRINCIPES

DU RÉGIME HYPOTHÉCAIRE,

DANS LE DROIT ROMAIN ET DANS LE DROIT FRANÇAIS.

*L'acte public, sur les matières ci-après, sera soutenu le 19 Août 1826,
à sept heures et demie du matin,*

PAR GUSTAVE DEGERANDO,

AVOCAT PRÈS LA COUR ROYALE DE PARIS.

PRÉSIDENT : M. BLONDEAU, Professeur.

SUFFRAGANS : MM.
{ DELVINCOURT,
MORAND,
DU CAURROY,
DELZERS, Suppléant. }
Professeurs.

PARIS.
IMPRIMÉ CHEZ PAUL RENOUARD,
Rue Garancière, n° 5.
M. DCCC. XXVI.

JUS ROMANUM.

DE PIGNORIBUS ET HYPOTHECIS.

D. Lib. XX, tit. 1, etc. — C. Lib. VIII, tit. xiv, etc.

PROLEGOMENA.

DE pignoribus et hypothecis dicturo mihi, ante omnia, breviter exponendum videtur, quibus modis extiterint in veteri jure, et quænam fuerint eorum fata.

I. Secundum græcas leges, prædiis hypothecæ datis affigebantur tabulæ vel libelli, ut adnotata jura omnibus quorum interesset innotescerent (1): quod olim Romæ moris etiam fuisse, quorumdam existimantium opinio (2) parum verisimilis est.

II. Ad prima Romæ tempora spectat quædam fundorum oppigneratio, quæ vocabatur *jus prædiatorium* (3), jamque sub regibus vigere debuit, cum vectigalia

---

(1) V. Demosth. *Orat. contra Phœnipp. et Spud.* — Plutarch. *In Vita Solon.*

(2) Ex I.. XX , D. *de Injur.* — L. XXII, §. 2,

D. *Quod vi aut clam.* — L. II, C. *Ut nemini lic. sine jud. auct.*

(3) V. Cic. *pro Balbo,* c. 20.

conduci cœpissent. Qui mutuam ab ærario pecuniam sumebant (1), atque præsertim qui conducebant vectigalia vel opera publica suscipiebant (2), populo cavere debebant prædiis quæ tutissimum videbantur cautionis genus : inde prædes aut prædiati dicti. Quod si rationi publicæ non responderent , obligata prædia vendebantur ab ærario, emptoribusque nomen erat : prædiatores (3).

III. De pignoribus locutas fuisse leges XII tabularum colligi poterat ex rubro L. CCXXXVIII, D. *de Verb. signif.* (4); et omnia plane dubia sustulit recens inventio Gaii institutionum (*Comm.* IV, §. 28). Sed *pignoris capio* de qua hic agitur multum a pignoris nexu vel obligatione differt , in eo præsertim quod pignoris nexu res ab ipso debitore in crediti securitatem obligatur; pignoris autem capione, res ex lege auferebatur in securitatem hujus quod quis præstare debebat , invito vel quidem absente eo, nec ullo pacto convento, nec adito Prætore.

Jam ante legem XII Tabularum capio pignoris occurrit (5). Introducta est, in re militari, moribus; et in re sacra, lege XII Tabularum :

1° Propter stipendium , sive æs militare, licebat militi ab eo qui id tribuebat , nisi daret, pignus capere: item equiti, si ipsi non tribueretur æs equestre, id est , pecunia qua equus emendus erat ; vel æs hordiarium, id est, pecunia ex qua hordeum equis erat comparandum.

2° Lege XII Tabularum pignoris capio data erat adversus eum qui hostiam emisset, nec pretium redderet : item adversus eum qui mercedem non redderet pro eo jumento quod quis ideo locasset, ut inde pecuniam acceptam in dapem , id est, in sacrificium impenderet (6).

Alia lege (7) data est pignoris capio publicanis vectigalium publicorum populi romani, adversus eos qui aliqua lege vectigalia deberent ; iique pignus captum certa pecunia luere debebant. Cum vero posthac sublatis fere omnibus legis actionibus , effectus fuit ut per formulas litigarentur, in ea forma quæ Publicano pro-

(1) V. T. Liv. XXII , 60.

(2) V. Cic. , II *Verr.*, or. 6 , c. 54.

(3) V. Gaï. , *rubr.* L. LIV, D. *de Ju. dot.* — Ascon. *ad Cic. Verr.* II , 54. — Heyn. et Bach. *D'sput. de jure prædiator.,* in Bach. opusc. jurid. — Hugo, *Hist. jur. rom.*, §. 208.

(4) V. Erxleben, *Princip. de jure pign.*, §. 20. — Thierbach , *Hist. jur. civil. de pignorib.* , §. 4. Lipsi. 1814.

(5) V. Dyonis. Halicarn. L. VI, ad ann. U. C. 256 , de bello Romanorum contra Volscos.

Occurrit etiam in jure Gallico pignorum capionis insigne vestigium :

« Les propriétaires qui ont éprouvé des dommages causés par des bestiaux laissés à l'abandon , ont le droit de les saisir.....; et s'ils ne sont pas réclamés, ou si l'indemnité n'est pas payée dans la huitaine du jour du délit, il sera satisfait aux dégâts par la vente des bestiaux (L. du 6 octobre 1791, *sur la Police rurale*, tit. 11, art. 12.) ».

(6) Gaï. *Comm.*, IV, §. 26, 27, 28.

(7) *Censoria*, putat Dirksen (*Versuche zur kritik*, etc. , p. 132. Lipsi. 1823).

ponebatur, talis fictio erat, ut quanta pecunia olim is a quo pignus captum erat, id luere dèberet, in tantam pecuniam condemnaretur.

Ex omnibus istis causis pignus certis verbis ex lege capiebatur; et ob id actio per pignoris capionem inter *legis actiones* erat: namque, etsi moribus introducta fuisset in re militari pignoris capio, modus agendi lege proditus erat, et legis actiones semper ipsarum legum verbis accommodatæ erant.

Cum tamen illa legis actio multum a cæteris legis actionibus differret, dubitatum fuit an inter has adnumeranda esset. Strictiori enim significatione, legis actio non aderat, nisi præsente adversario, in jure, id est, apud prætorem, nec die nefasto; pignoris autem capio extra jus, plerumque etiam absente adversario, et nefasto quidem die peragebatur (1).

Hanc actionem Ciceronis ætate adhuc publicanis competiisse videtur (2); sed ea per Æbutiam et Julias leges sublata fuit (3).

IV. Admodum enim distinguenda pignoris capio a quadam pignoratione, quæ moribus etiam introducta vigebat, et contra quam, multis jam legibus vetitam, constitutionem tulit Justinianus (4): hæc nempe non juris erat, sed facti, nec ea creditor adversus debitorem utebatur, sed contra alium qui cum ipso in eadem urbe sive in eodem vico vel agro degebat, et qui ipse interdum abducebatur, pœnaque afficiebatur pro alterius delicto.

V. *Nexus*, apud veteres Romanos, rei *mancipi* (5) per æs et libram contracta obligatio (6), solemnibus nuncupatis verbis (7), fuisse videtur; atque comprehendebat mancipationem quæ ab eo distinguenda est, ut patet ex quodam Tullii fragmento (8) quod pignorationi per nexum haud immerito referri potest. Præterea per nexum olim pignus rei mancipi constituisse Romanos suspicari licet (9), cum pignoris *nexus* passim in jure civili prædicetur (10). Hoc tempore creditor debitorem pignus per nexum datum vindicantem, donec solutum esset debitum, removere poterat;

(1) Gaï. *Comm.*, IV, §. 28, 32, 29, 11, 12.

(2) V. Cic. *in Verr. Act.* II, L. III, c. 2.

(3) Gaï. *Comm.*, IV, §. 30, 31. — V. Van Hasselt, *Specim. de leg. Action.*, §. 1, 16, 32, 47. Groning. 1824.

(4) L. IV, C. *de Execut.* — L. un., C. *Ut null. ex vican.* — L. XII, L. ult., C. *de Omni agro.* — L. IV, C. *Ne uxor pro mari.* — Nov. 52, c. 1. — Nov. 128, c. 14.

(5) Ulp. *Reg.*, tit. xix. — Gaï. *Comm.* II, §. 15, etc.

(6) V. Cic. *de Orat.*, L. III, c. 40. — Varr. *de Ling. lat.*, L. VI, c. 5.

(7) V. Fest. *V° Nuncup.* — Cic. *de Orat.*, I, 57. — Hugo, § 121, not. 2.

(8) *De Harusp.*, c. 7. — L. I, D. *de Acceptil.*

(9) V. Thierbach, §. 5.

(10) L. LII, §. 2, D. *de Pact.* — L. XXXIII, D. *Famil. hercisc.* — L. XXII, §. 1, D. *de Jure fisc.* — L. II, L. VII, C. *de Distr. pign.* — L. VII, C. *de Reb. alien.*

sed nullam habebat actionem adversus extraneum possessorem; Hinc mancipationi, quæ jus dominii dabat, *fiduciæ* pactum accessit, sic appellatum, quod restituendi fides interponebatur(1).

VI. Fiducia aderat quotiescumque res alicui mancipabatur ea lege ut eam mancipanti remanciparet, itaque congruebat cum pacto de retrovendendo. Pignus rerum *nec mancipi* veteres Romani constituebant per *cessionem in jure*, quæ inter legis actiones erat (2), et rerum *mancipi* per *mancipationem* (3) cum pacto fiduciæ, ut revocabile dominium in creditorem transferretur (4). Errasse Cujacius videtur qui pignoris speciem esse fiduciam putat, multoque magis Vinnius qui eam cum hypotheca confundit. Melius dicendum fiduciam pignori per mancipationem dato conventionem accessoriam fuisse, cujus, ex Tullio a Conradi collecta, formula erat: « Ego hanc rem meam tibi mancupo, ut eam mihi remancupes, uti ne propter te, fidemve tuam, captus fraudatusve siem (5). »

Constitutum igitur cum fiducia pignus dominium transferebat ad creditorem (6), ita ut fiduciam non posset emere, cum rei suæ nulla emptio sit (7), legare vero posset, salva debitoris actione ad pignus recuperandum : inde fiebat etiam ut ancillarum a debitore legatarum appellatione non continerentur eæ quas fiduciæ dederat (8).

Cum autem hoc dominium, soluto debito, revocabile foret, fiduciam aliis, si vellet, poterat vendere debitor, ita ut ex pretio ejusdem pecuniam offerret creditori, atque ita remancipatam sibi emptori præstaret; quod si creditor per suppositam personam pignus suum invito debitore comparasset, ex causa fiduciæ nulla videbatur emptio, et quandoque lui poterat pignus. Hinc etiam quidquid per fiduciam quærebat creditor, minuebat debiti sortem; debitorique licebat per præceptionem legare, licet alienam, rem quam fiduciæ causa mancipio dederat, ita ut cohæredes officio judicis cogi possent, soluta pecunia, solvere eam rem(9).

Directa competebat actio in personam (10) debitori ad rem sibi remancipandam, soluto debito, superfluumque ex pretio rei præstandum, si distracta fuisset (11).

(1) V. Boet. *Comm. ad Top. Cicer.* L. IV.

(2) Gaï. *Comm.*, II, §. 24; III, §. 201.

(3) Gaï. *Comm.*, I, §. 119, 121.

(4) Paul. *Sent.*, L. II, tit. XIII.

(5) V. Cic. *de Offic.*, L. III, c. 17. — Conradi, *De Pacto fiduc.* exerc. II, §. 1, 2. — Erxleben, §. 22, etc.

(6) Gaï. *Comm.*; II, §. 220. — V. Poth. *de Contr. fiduc.* append. ad tit. *de Pignor. act.*

(7) Paul. *Sent.*, L. II, tit. XIII, §. 3. — V.

eamdem regulam in personam debitoris, sublata mancipatione, translatam, L. XL, D. *de Pign. act.*

(8) Paul. *Sent.*, L. II, tit. XIII, §. 6. — L. III, tit. VI, §. 69.

(9) Paul. *Sent.*, L. II, tit. XIII, §. 3, 4, 2. — Gaï. *Comm.*, II, §. 220.

(10) Gaï. *Comm.* IV, §. 33.

(11) Paul. *Sent.*, L. III, tit. XIII, §. 6, 1.

Competebat ei quoque *usureceptio* vel lucrativa usucapio , quæ species erat usuca-
pionis , qua quod aliquando quis habuerat , per annuam recipiebat usucapionem :
quæ usureceptio , soluta pecunia , omnimodo competebat; nondum soluta , competebat etiam , si neque conduxisset fiduciam a creditore debitor , neque precario
rogavisset ut eam possidere liceret (1).

Creditor autem *contrariam* actionem habebat ad recuperandas impensas quæ rem
fiduciariam fecerant meliorem : et cum jure distrahendi , ex causa pignoris , potissimum frueretur , etsi conventum fuisset ut sibi non liceret fiduciam vendere ,
non solvente debitore , denunciare ei solemniter poterat et distrahere.

Novissimus creditor priorem , oblata pecunia , quo in eum transferretur possessio
fiduciæ , dimittere poterat; sed et prior creditor secundum creditorem , si vellet ,
dimittere non prohibebatur , quanquam ipse in pignore potior esset (2).

Pacto fiduciæ legem commissoriam contineri putat Cujacius , quod vix colligi
potest ex Pauli sententiarum fragmento (3): multi hanc legem pacto fiduciæ sæpe
junctam fuisse , ut irrevocabile dominium creditor haberet , et ab illo pacto
distinctam esse contendunt , tum ex rubro tit 13 , lib. 11 *Pauli Sentent.* , tum ex eo
quod aliquando conjuncta reperiuntur (4). Fatendum est in his etiam niti posse
contrariam sententiam; difficilius tamen admittendum commissoriam legem qua ,
non soluto intra certum diem debito , res irrevocabili jure fieret creditoris , fiduciæ
pacto ipso jure comprehensam fuisse (5).

Quidquid de hoc statuendum sit , fiduciam adhuc valuisse constat sub Arcadio
et Honorio (6); sed plane desiit in usu esse , cum omne discrimen inter res mancipi
et nec mancipi sustulit Justinianus (7).

VII. De pacto hypothecæ loquitur Tullius (8); nulla vero legalis et judicialis hypothecæ vestigia sub libera republica Romanorum inveniuntur. Nulla etiam ad nos
pervenit originis pacti Antichresis notitia. Prætorium pignus primum fuisse prælationis vestigium inter creditores videtur (9): Prætor , ex judicati vel , ante sententiam , ex contumaciæ causa , creditorem mittebat in possessionem bonorum debitoris, custodiæ venditionisve causa (10). Tacitam locatoris hypothecam moribus intro-

---

(1) Gaï. *Comm.* II , §. 59 , 60. — *Comm.* III ,
§. 201.

(2) Paul. *Sent.* , L. III , tit. xiii , §. 7 , 5 , 8.

(3) L. II , tit. xiii , §. 5.

(4) V. Cic. orat. pro L. Flac. c. 21.

(5) De hac lege commissoria sub Cicerone
nota (*Ep.* 56 , *ad divers.*) , et a Constantino
infirmata (L. III , C. *de Pact. pign.*) , V. Thierbach , §. 10.

(6) L. IX , C. Theod. *de Infirm. his,* etc.

(7) L. un. , C. *de Usucap. transf.*

(8) Ep. LVI , *ad divers.* — V. Hugo , §. 208.

(9) Runde , *Comment. de hist. indole ac v;
remedior. securitat.,* etc. , §. 20 , Gotting.
1794.

(10) L. I , L. III , C. *Si in causa jud.* —
L. VII , §. 1 , 2 ; L. XII , D. *Quib. ex caus. in
poss.* — V. Van Hasselt , §. 15 , n. 8 , fin.

ductam fuisse apparet, cujus sub Trajano prima mentio fit, in fragmento Neratii Prisci qui hoc tempore vixit (1). Servius Prætor, de quo multa disputaverunt Jureconsulti, primus edicto sancivit conventionem qua invecta et illata in prædio rustico locatori obligabantur: hinc celeberrima actio Serviana de invectis et illatis. Mox eadem vis data omnibus hypothecæ pactis, et inde quasi-serviana actio. Quam Noodtius (2) ex ipso Prætoris edicto derivatam existimat, et formulam Edicti proponit; sed magis placet Vinnii atque Ottonis (3) sententia, hanc actionem ex prudentium interpretatione descendisse (4). Post specialem hypothecam, generalis in usu venit, quæ primum omnia præsentia, atque etiam deinde futura debitoris bona complexa est: generalis vero formula diu non continuit res futuras, nisi expresse convenissent (5).

M. Antoninus tacitam creditori concessit hypothecam, qui pecuniam ob refectionem ædium mutuam dedit (6): item furiosis Justinianus super curatorum bonis (7), et legatariis super defuncti rebus; sed pro rata parte solum in heredes tribuit actionem (8).

Personalia diversis creditorum ordinibus privilegia concesserunt Imperatores, absitque ut ea pugnare videantur cum hac XII Tabularum Regula: «privilegia ne irroganto», quæ tantum de privilegiis in unam aut quasdam personas, contra leges, collatis, loquebatur. Caracalla primus certiores nos facit de personali privilegio ob dotem mulieri concesso (9); cui tacitam Justinianus, et mox privilegiatam dedit hypothecam (10).

Dicendum superest de legali pupillorum in tutorum bonis hypotheca quæ primum a Constantino fuisse concessa videtur (11). Jam antea constat pupillos taciti pignoris jus habuisse solum in rebus ex ipsorum pecunia emptis (12); sed hic agitur de tacita generalique minorum ob tutelam hypotheca quam ante Constantinum extitisse nonnulli contendunt, inter quos maxime Bachovius (13). Fateamur cum illo Constantinum, in L. XX C. de Admin. tut., non admodum loqui quasi innovaret primusque tacitam minoribus tribueret hypothecam; sic enim loquitur: « Pro officio

---

(1) L. IV, D. In quib. caus. pign. — V. Bach, Hist. Jurispr. rom., L. III, c. 1. §. 26.

(2) Comm. ad L. XX Dig., tit. 1.

(3) Comm. ad inst. L. IV, tit. VI, §. 7.

(4) V. Thierbach, §. 7.

(5) V. Bachovium, de Pign. et hyp., L. I, c. 5, §. 2. — Thierbach, §. 9.

(6) L. I, D. In quib. caus. pign.

(7) L. VII, §. 5, C. de Curat. fur.

(8) L. I, C. Comm. de leg. — V. Runde, §. 26.

(9) L. un., C. de Privat. dot.

(10) Liv. XXX, C. de Ju. dot. — L. un., C. de Rei uxor. act. — L. XII, C. Qui pot. in pign. — Runde, §. 37.

(11) L. XX, C. de Adm. tut.

(12) L. III, D. de Reb. eor. qui sub. tut. — L. VII, D. Qui pot. in pign. — L. VI, C. de Serv. pign. dot.

(13) L. 1, c. 9.

administrationis tutoris vel curatoris bona, si debitores existant, tamquam pignoris titulo obligata, minores sibimet vindicare minime probibentur ». Fieri tamen potuit ut his verbis jus novum introduxerit Imperator, aut cum ea ad privatum pertineant rescriptum, ut anteriori decreto legalem pupillorum hypothecam constituerit. Maxime autem nituntur Bachovius et alii (1) in hoc Severi et Antonini rescripto quod plane ipsis ad tacitam minorum hypothecam referendum videtur : « non est interdictum tutoribus vel curatoribus, etsi ex eo titulo judicati debitores sunt constituti, *cum sua causa* res suas alienare. Potuit ergo curator tuus fundum suum *cum suo onere* obligare fisco nostro : nam et privato potuisset (L. un., C. *Rem alien. gerent.*). »

Notandum primo nullam hic esse pignoris aut hypothecæ mentionem, nec difficile est verba : *cum sua causa, cum suo onere,* diversis interpretari modis. Supradictam legem de *fructibus* intelligit Huberus (2); aliter Walchius (3), et Runde (4) qui hoc rescripto statuisse solum Imperatores putat, rei pupillaris administrationem et ipsam judicis sententiam per quam condemnati sunt ad solvendum debitum, non impedire quin sua bona tutores possint alienare vel obligare. Cum illa opinione congruit Dioclet. et Maxim. rescriptum : « His qui tutelam administraverunt, testamenti factio non denegatur, nec de bonis suis donare aliquid prohibentur (5) ». Difficilius tamen crediderimus tam parvi momenti esse verba : *Cum sua causa, cum suo onere.*

Rescriptum fortasse quis accipiet de actione *in rem* quam adversus tutores sive curatores, ob res pupillares alienatas, minoribus tribuit imperator Severus (6); aut melius de *expressa* oppignoratione (7), sicut in L. XXI, D. *Qui potior. in pign.* (8). « Titius Seio ob summam, qua ex tutela ei condemnatus erat, obligavit pignori omnia bona sua, etc. » Cum enim, brevissima L. un., *Rem alien. gerent.*, ad privata facta pertineat, quorum nulla est mentio, non injuste eam interpretari licet de condemnatis tutoribus qui, ut rei judicatæ satisfacerent, bona sua pignoraverunt.

Novam in hac quæstione sententiam, non sine quadam diffidentia, aperiemus. Nonne illa rescripti verba : « Etsi ex eo titulo judicati debitores sunt constituti ». Prætorium ex causa judicati pignus indicant? Nos nullo modo latet judiciale pignus

(1) V. Gothofred. ad C. Theod., I, 323. — Thomasi. ad Huber. prælect. xx, 2, 4.—Lischke, *Dissert. de orig. et æquit. tacit. hyp.*, §. 10. — Arn. Iken, *Dissert. de pupill. ac minor. in bon. tutor.*, etc. Marb. 1779.

(2) *Prælection. in Dig.*, t. IV.

(3) *Progr. de privil. pupil.*, §. 3; *in Opusc.*, t. III, exerc. 7

(4) §. 45, 46, 48.

(5) L. XVII, C. *de Admin. tutor.*

(6) L. I, §. 2. — L. V, §. 15, D. *de Reb. eor. qui sub. tut.*

(7) V. Voet, *ad Dig.*, L. XX, tit. 11, §. 19, etc. — Biben, *Specim. Academ. de lega. pupill.*, etc., c. 1, §. 1, etc. Lugd. Batav. 1819.

(8) V. quoque, L. XII, C. *de Distr. Pign.*

non ex sola judicis sententia consistere, sed ex Prætoris post sententiam aditi jussu qui vocatur in bonorum possessionem immissio. Tunc, ut loquuntur leges, pignoris obligatio fit ex magistratus auctoritate (1); in vicem justæ obligationis succedit ex causa contractus auctoritas jubentis (2). Quid igitur vetat ita Severi atque Antonini rescriptum accipere : tutores, etsi ex eo titulo judicati, condemnatique fuerint, atque immissio in bona eorum a prætore decreta fuerit, res suas alienare possunt, *cum suo onere,* id est, salva prætorii pignoris causa ? nempe legimus in jure civili : « Si quis tutor copiam sui non faciat ut præstet alimenta pupillo, cavetur epistola divorum Severi atque Antonini, ut *in possessionem bonorum ejus pupillus mittatur* (3). » Quantum immissio valeat, imo sine possessione, abunde fatetur illud Gaii fragmentum : « quamvis possessa non sint bona... creditor qui in possessionem missus est, perinde habetur ac si etiam possessa bona fuissent (4). » Sed quia immissio cum possessione necessaria fuit ut pignus consisteret (5), aliud ipsius Severi et Antonini rescriptum occurrit quod fere de nostra quæstione latum videretur : « Si postquam servandi legati gratia in possessionem inductus es, pignoris obligatio aut venditio ab herede intervenerit: præcedere causam tuam quam jure prætorio veluti pignus habuisti, manifestum est (6). » Hinc sequitur pupillum, condemnato tutore, in possessionem bonorum ejus immitti potuisse, sic que constituto pignore et etiam bonis possessis, alienationem non fuisse tutori interdictam, salva prætorii pignoris causa.

Liceat nobis aliam adhuc exponere sententiam quæ forte cæteris anteponenda videbitur. Eorum opinio qui L. un. *Rem alien. gerent.* de tacita minorum hypotheca intelligunt, eo minus verisimilis est, quod Ulpianus, Paulus, Papinianus, qui sub Antonino et postea vixerunt, non legale pignus, sed *personale privilegium* minoribus et furiosis tribuunt, quod certe non fecissent si tacita iis hypotheca jam cautum fuisset (7). Quin ipse Hermogenianus qui Constantini æquale fuit, sic loquitur : « Non solum tutelæ privilegium datur in bonis tutoris, sed etiam ejus qui pro tutela negotium gessit (8). » Præterea legimus apud Paulum : « Si negotium impuberis aliquis ex officio amicitiæ gessit, debet, bonis ejus venditis, privilegium pupillo conservari (9) »; « Si pupillus post pubertatem, rationibus a tutore acceptis, reliquationem

---

(1 L. III, §. 1, D. *de Reb. eor. qui sub tut.*

(2) L. I, C. *Si in causa judic.*

(3) Inst. de jusp. tutor., §. 9. — L. VII, §. 2, D. *Eod. tit.*

(4) L. XIII, D. *de Reb. auctor. jud.*

(5) V. enim L. XXVI, D. *de Pign. a t.*

(6) L. III, C. *Ut in poss. legat.*

(7) L. XIX, §. 1, D. *de Reb. auct. jud.* — L. XLII, XLIV, D. *de Admin. et peric. tut.* — L. XXII, D. *de Tut. et rat.* — L. LII, §. 1, D. *de Pecul.* — L. XV, §. 1, D. *de Cur. fur.*

(8) L. XXV, D. *de Tut. et ration.* — V. quoque, L. LXXIV, D. *de Jure dot.*

(9) L. XXII, D. *de Reb. auct. jud.*

ejus secutus, usuras acceptaverit, privilegium suum non amittit in bonis tutoris venditis (1). » Inde colligi haud immerito potest Severum atque Antoninum in L. un. *rem alien. gerent.* locutos fuisse de pupillorum ob tutelam privilegio quod in bonis tutorum alienatis vel in horum pretio servabatur.

PRINCIPIA DE JURE PIGNORUM ET HYPOTHECARUM.

Rem arduam atque tam late patentem aggressuri, operæ pretium ante omnia ducimus, quam simplici via pergere justisque terminis hanc coercere disputationem. Cujus ratio ea erit : *primo capite,* inquiremus in naturam et indolem pignoris atque hypothecæ; *capite secundo,* in pignoris contractionem, et jus debitoris, actionesque ipsi competentes; *tertio,* in jura creditorum et actiones quibus adjuvantur; *quarto,* in jura aliorum possessorum; *quinto,* denique, in diversos modos quibus solvitur pignus vel hypotheca.

C. I. — *De natura et indole pignoris atque hypothecæ.*

Plus cautionis in re est quam in persona (2) : hinc pignora et hypothecæ.

ART. I.

I. Pignoris appellatione continetur imprimis *jus* quod, in crediti securitatem, in re aliena creditori datur, manente apud debitorem dominio (3); vel *res* ipsa pignoris jure obligata (4); sive etiam ipse pignoris *contractus* (5).

---

(1) L. XLIV, §. 1, D. *de Admin. et peric. tut.*

(2) L. XXV, D. *de Reg. jur.* — §. 14, Inst. *de Oblig. quæ ex delic.*

(3) V. L. XXVI, L. XXXV, §. 1, D. *de Pign. act.* — L. X, D. *Quib. mod. pign. solv.*

(4) V. §. 4, Inst. *Quib. mod. re contrah.* — L. IX, §. 2, D. *de Pign. act.* Erat etiam apud veteres quoddam *personæ* pignus, nempe *obsidis datio* (V. T. Liv. *Decad.,* L. II, c. 39).

(5) V. L. I, §. 4, D. *de Pact.*

2

cum, sine traditione, nuda conventione res obligatur (1). Attamen potest pignus etiam in re immobili consistere, hypotheca vero in re mobili (2), dum possessio non transeat ad creditorem: cum in iisdem rebus constitui possint, atque inter hæc, quantum ad actionem creditori datam, nihil intersit, nonnunquam in jure civili pro hypotheca pignus accipitur (3).

II. Juris principalis, debiti scilicet, accessorium est pignus (4); fieri tamen potest ut sublato debito perduret (5).

Pignus vel hypotheca suas conditiones habet, id est, non liberatur nisi satisfactum fuerit creditori. Inde, quamvis novatione perimatur (6), si cum debitore lis contestata fuerit, vel etiam si creditor eum judicatum fecerit, nihilominus hypotheca manet obligata; nec enim satisfactum est creditori, quod habet judicati actionem (7): causa transiisse videtur ad condemnationem (8).

III. Jus distrahendi, non soluto debito, naturæ pignoris inest (9); absit igitur ut hoc securitatis remedium confundatur cum *retentionis* jure (10) quod solum exceptionem, non jus in re, nec jus distrahendi tribuit.

Jus pignoris tantum pro eo quod creditum fuit, valet; non igitur ad usuras impensasque in rem factas extenditur, nisi de his pactum sit (11).

IV. Indivisa est pignoris causa (12).

Art. II.

Duplex pignoris genus: *necessarium* et *voluntarium*, prout invito vel consentiente· debitore consistit.

(1) §. 7, Inst. *de Act.* — L. IX, §. 2, D. *de Pign. act.* — L. CCXXXVIII, §. 2, D. *de Verb. sign.*

· (2) L. VIII, pr. D. *de Pign. act.* — L. XIII, §. 1, D. *de Pign.*

(3) L. V, §. 1, D. *de Pign. et hyp.* — §. 7, Inst. *de Act.*

(4) L. IV, D. *Quæ res pign.* — L. XXV, C. *de Pign.*

(5) L. II, C. *de Luit. pign.* — L. XXXVIII, §. 5, D. *de Solut.* — L. XXX, §. 1, D. *ad Leg. Aquil.* — L. LIX, D. *ad S. C. Trebell.*

(6) L. XI, §. 1, D. *de Pign. act.*

(7) L. XIII, §. 4, D. *de Pign. et hyp.* —

L. XI, pr. D. *de Pign. act.* — L. un., C. *Eti. ob chirogr.*

(8) L. XVI, §. 6, D. *de Pign.*

(9) L. IV, D. *de Pign. act.* — L. VII, XIV, C. *de Distr. pign.*

(10) L. I, pr. — L. XI, §. 1. — L. XXIX, §. 2, D. *de Pign. et hyp.* — L. un., C. *Eti. ob chirogr.*

(11) L. XI, §. 3. — L. VIII, §. 5, D. *de Pign. act.* — L. XIII, §. 6, D. *de Pign. et hyp.*

(12) L. LXV, D. *de Evict.* — L. VIII, D. *de Distr. pign.* — L. I, C. *de Luit. pign.* — L. I, L. II, C. *Si un. ex plur, her.*

§. 1.

Quatuor pignoris necessarii species : *pignoris capio*, apud veteres Romanos (1); pignus *prætorium;* pignus *judiciale ;* pignus *tacitum.*

V. Prætorium pignus constituitur, invito debitore, cum ex quacumque causa magistratus creditorem in bonorum debitoris possessionem immitit (2), velut rei servandæ aut legatorum servandorum causa, ob contumaciam Rei, ad bona ventri conservanda (3).

VI. Judiciale pignus a prætorio proprie dicto solum differt quod, non ex quacumque causa, sed ex re judicata, victori in bonis victi judicatum solvere recusantis a Prœtore conceditur, et ab executoribus litium capitur (4).

Lege statutum est quibus modis et ordine distrahenda sunt pignora , quæ si non inveniant emptorem, creditori addicuntur (5).

Quæ cum ita sint, in quolibet prætorio pignore, jubentis auctoritate quæ in vicem justæ obligationis succedit, pignus constituitur (6).

VII. Transcamus ad tacita pignora , quæ a lege concessa creditoribus ipso jure in bonis debitorum, contracta videntur ex justa præsumptione (7).

Quæ in prædium urbanum, ut ibi sint (8), fuerunt inducta vel illata, tacito pignori sunt (9); quod tantum in utraque Roma et territorio earum diu valuit, et ad provincias porrexit Justinianus (10). Salvianum locatori datur interdictum (11), quod in personam est, adversus solum debitorem qui pignus tenet, cum Serviano adversus quemcumque possessorem agatur (12). Invecta a secundo conductore etiam primo locatori, sed tantum pro pensione secundæ conductionis, tenentur (13). Tacitum pignus ob pensionem locatæ domus aliquando differt ab expressa conventione pignoris (14).

(1) V. Proleg. II.

(2) L. XXVI, D. *de Pign. act.*

(3) L. III, V, VI, D. *Ex quib. caus. in poss.* — L. III, V, C. *Ut leg. vel. fideic. serv.* — L. II, VII, D. *Ex quib. caus. in poss.* — L. VII, D. *de Vent. in poss.* - - L. I, II, C. *de Prælor pign.*

(4) L. LXVIII, D. *de Rei vind.* — L. VII, D. *de Reb. auct. jud. poss.* — C. *Si in causa judic. pign.*

(5) L. XV, D. *de Re judic.*

(6) L. I, C. *Si in causa jud.* — L. III, §. 1, D. *de Reb. eor. qui sub tut.*

(7) L. ult., C. *In quib. caus. pign. taci.*

(8) L. XXXII, D. *de Pign. et hyp.* — L. VII, §. 1, D. *In quib. caus. pign.*

(9) L. IV, D. *In quib. caus. pign. taci.* — L. IV, D. *de Pact.*

(10) L. ult., C. *In quib. caus. pign. taci.*

(11) §. 3, Inst. *de Interd.* — L. I, D. *de Salv. interd.*

(12) L. I, C. *de Prec. et Salv.*

(13) L. XI, §. 5, D. *de Pign. act.*

(14) L. IX, 6, D. *In quib. caus. pign. taci.* — L. III, C. *de Serv. pign. dat.*

In rusticis prœdiis, sola domini conventione consistere potest pignus de invectis et illatis (1) : fructus tamen fundi tacito pignori esse domino intelliguntur (2) ; quod quidem in prædiis urbanis fieri nequit, cum nullos æde producant fructus, nisi mercedes pro quibus pignus esse debet.

Jam supra de tacita pupillorum, furiosorum, legatariorumque hypotheca tractavimus (3). Liberis etiam aliquando tacita competit in parentum bonis hypotheca (4) : et cum mater tutrix ad secundas transiit nuptias, priusquam suis tutorem petierit liberis, persolveritque quod illis debetur ex tutela gesta, bona mariti ratiociniis tutelæ, vel præteritæ gestæ, jure pignoris obnoxia tenentur (5).

Uxor in viri bonis et rebus ab ipsa illatis, pro restitutione dotis, imo propter paraphernalia bona, necnon in bonis eorum qui dotem promissam non numeraverunt, tacitam hypothecam habet (6), omnibusque vel anterioribus præponitur creditoribus (7) : cui quidem hypothecæ, per consensum proprium, pro certis contractibus aut personis, renunciare potest (8), excepta ea qua in suismet rebus fruitur (9). Tacitam imo Justinianus hypothecam marito concessit, pro dote præstanda vel rebus dotalibus evictis, adversus uxorem easve personas quæ pro ea promiserunt aut dederunt dotem (10).

Creditor qui ob restitutionem ædium credidit, in pecunia quam credidit privilegium exigendi habet (11), pignusque creditori datum ad eum quoque pertinet qui redemptori, domino mandante, nummos ministravit (12).

Privilegium etiam ob impensam funerum conceditur, quod, etsi personale, omnia alia, imo hypothecas, præcedere videtur (13).

Tacitum denique pignus habet fiscus in bonis eorum qui cum ipso contrahunt, atque debitorum suorum, pro tributis (14).

---

(1) L. IV, D. *In quib. caus. pign. taci.* — L. V, C. *Eod. tit.* — L. V, C. *de Locat. et conduct.*

(2) L. VII, D. *In quib. caus. pign. taci.* — L. XXIV, §. 1, D. *Loca.*

(3) V. Proleg., VI.

(4) L. VI, §. 2, 3. — L. VIII, §. 4, 5, C. *de Sec. nupt.* — L. VI, §. ult., C. *de bon. quæ lib.*

(5) L. VI, C. *In quib. caus. pign. taci.*

(6) L. un., C. *de Rei uxor. act.* — L. ult., C. *de Pact. conv.*

(7) L. XII, C. *Qui pot.*, quæ derog. L. XXIX, C. *de Ju. dot.*

(8) L. XXI, C. *ad S. C. Vellej.*

(9) L. un., §. 15, C. *de Rei uxor. act.*

(10) L. un., §. 1, C. *de Rei uxor. act.*

(11) L. XXV, D. *de Reb. cred.* — L. I, D. *de Cess. bon.* — L. XXIV, §. 1, D. *de Reb. auct. jud.*

(12) L. I, D. *In quib. caus. pign. taci.*

(13) L. XLV, L. XIV, §. 1, L. XXVI, D. *de Relig.* — V. Runde, *Proleg.*, §. 4. — Obst. tamen, L. IX, C. *Qui pot.*

(14) L. XLVI, D. *de Ju. fisc.* — L. I, II, C. *In Quib. caus. pign. taci.* — L. I, II, C. *de Priv. fisc.*

§. II.

Duæ pignoris voluntarii species: *testamentarium* et *conventionale*.

VIII. Testamentarium pignus dicitur quod testamento quis concedit vel in suis vel in heredis rebus (1).

IX. De conventionali pignore, quod mutuo consensu partium constituitur, potissimum in hac tractatione agitur. Cujus pignoris summa divisio in *speciale* et *generale*.

Conventio generalis in pignore dando bonorum vel postea quæsitorum recepta est, utque fiat, ita pacisci solent debitores: *quidquid in bonis habeo, habiturusve sum* (2). Imo, quamvis qui omnes res suas pignori dedit, non expresse futuras etiam dixerit, jus tamen hypothecæ generalis ad futuras produci decrevit Justinianus (3); ita ut collata videatur obligatio in tempus quo res in bonis debitoris erunt. Generalis autem hypothecæ vinculum non impedit quin servi manumittantur (4), nec illa continentur obligatione quæ in usum cottidianum habentur, aut quæ verisimile est quemquam specialiter obligaturum non fuisse (5).

X. Leonis Constitutio publicas introduxit hypothecas quæ privatis licet anterioribus præponerentur, earumque tres definivit species: quas volens debitor coram judice constituit; quæ coram notario et duobus testibus datæ; et eæ quarum constitutioni tres viri probatæ opinionis testes interfuerunt et subscripserunt conventionem (6).

(1) L. XXVI, D. *de Pign. act.* — L. XII, D. *de Alim. vel cibar.*

(2) L. I, pr.§, L. XXXIV, §. 2, L. XV, §. 1, D. *de Pign. et hyp.*

(3) L. ult., C. *Quæ res pign.*

(4) L. III, C. *de Ser. pign. dato.*

(5) L. VI, VII, VIII, D. *de Pign.* — L. I, C. *Quæ res pign.*

L. VIII, D. *de Pign.* ea est : « Denique concubinam, filios naturales, alumnos consisti generali obligatione non contineri, et si qua sunt alia hujusmodi ministeria. » — « Ex hac lege melius probaretur, ait Merillius professor Bituric. (L. II, obs. 18), Sanctissimam Dei param generali obligatione peccati communis non teneri » : vehementerque eum refutat Wyssenbach (*Disp.* 39, *ad L. XX Pand*). Pro hac memorabili adnotatione veniam petimus.

(6) L. XI, C. *Qui pot.*

C. II. — *De contrahendo pignore, de jure debitoris actionibusque ipsi competentibus.*

§. I.

Primo videamus de contrahendo pignore.

XI. Re contrahitur, id est traditione, pignus proprie dictum (1); olim et fiducia, quæ dominium creditori, per mancipationem, transferebat (2).

Contrahitur etiam nuda conventione, prætorio scilicet pacto ex his quæ pariunt actionem (3), tuncque hypothecæ nomen recipit.

Inde fit ut quibuscumque verbis, dum probari possit, contrahatur hypotheca (4); et sine verbis, ut inter absentes, per epistolam (5); imo tacito consensu (6), adeo ut qui emptionis instrumenta suorum agrorum pignori dedit, de ipsis agris obligandis convenisse censeatur (7).

Soli creditori pignus constitui potest (8); nec igitur per procuratorem comparatur, nisi mandante vel ratum habente creditore (9). Justinianus autem super hoc antiquo juri derogavit (10).

XII. Pignus contrahi potest pro quacumque obligatione : sive pura, vel in diem, vel sub conditione, dummodo conditio extiterit (11); nec pro civili tantum obligatione, sed et honoraria, imo naturali (12), ex his quidem a jure civili improbatis (13);

---

(1) §. IV, Just. *Quib. mod. re contr.* — L. I, §. 6, D. *de Oblig. et act.*

(2) V. *Proleg.* V.

(3) L. I, D. *de Pign. act.* — L. XVII, §. 2, D. *de Pact.* — L. IV, D. *de Pign.* — L. XXIII, C. *Eod. tit.*

(4) L. IV, D. *de Pign. et hyp.* — L. IV, D. *de Fide instr.*

(5) L. XXIII, §. 1; L. XXXIV, §. 1, D. *de Pign. et hyp.*

(6) L. V, §. 2, *In quib. caus. pign. taci.* — L. XXVI, §. 1, D. *de Pign. et hyp.* — L. III, §. 2, D. *Qui pot.*

(7) L. II, C. *Quæ res pign.*

(8) L. XXVIII, L. XXXIII, D. *de Pign. et hyp.*

(9) L. XI, §. 6, D. *de Pign. act.* — L. XXI, D. *de Pign. et hyp.* — L. I, C. *Per quas pers.*

(10) L. II, C. *Per quas pers.*

(11) L. V, D. *de Pign. et hyp.* — L. IX, §. 1, D. *de Pign. act.* — L. ult., C. *Quæ res pign.*

(12) L. V, L. XIV, §. 1, D. *de Pign. et hyp.* — L. XIII, D. *de Condict. indeb.* — §. 1, Inst. *de Fidej.* — L. XVI, §. 3, D. *Eod. tit.*

(13) L. II, D. *Quæ res pign.*

et futuræ obligationis nomine ; et in partem debiti (1); atque pro usuris solvendis (2).

Pro sua vel aliena obligatione recte pignus contrahitur (3); atque dari potest alicui ut fide jubeat, pro contraria mandati actione quam fidejussor habet (4).

Quod si nulla sit obligatio, videlicet si pecunia a creditore non fuerit numerata, non consistit pignus , et retineri vel vindicari potest (5).

XIII. Ususfructus , non vero jus quod personæ adhæret, a solo usufructuario pignori dari potest (6); quia quod venditionem , plerumque pignorationem etiam recipit (7). Imo qui tantum superficiem alieni soli habet , hanc recte pignori obligat, et creditor adversus quemcumque possessorem legitime consistere potest (8), salvo jure solarii quod domino debetur (9).

Rustica non oppignorantur instrumenta (10); neque jura prædiorum urbanorum. Rusticæ vero servitutes, non antea jam alii constitutæ, dari possunt pignori (11); quia ex substantia pignoris est ut id creditor possit distrahere : possunt autem [pluribus prodesse vicinis, et ideo distrahi rusticæ servitutes; non item de servitutibus urbanis.

Res futuræ, velut fructus pendentes aut fœtus pecorum, hypothecæ dari possunt (12). Quæ rei pignoratæ adcrescunt et uniuntur, nempe ususfructus, alluvio (13); et quæ ex pignoratis rebus venerunt (14); et res in taberna hypothecata post mortem debitoris inventæ, pignori etiam obligantur (15). Sed quod ex pecunia pignorata vel ex pretio rei pignoratæ comparatum est, non pignori subrogatur (16).

§. II.

XIV. Pignus constituere potest is ad quem res *pertinet*, quod verbum latissime patet; nam et eis rebus aptum est quas jure aliquo possidemus, quamvis non sint

(1) L. V, D. *de Pign. et hyp.* — L. V, §. 1 , D. *In quib. caus. pign.*

(2) L. XIII, §. 6, D. *de Pign. et hyp.* — L. VIII, D. *de Pign. act.*

(3) L. V, §. 2 , D. *de Pign. et h. p.*

(4) L. IX, §. 1, *de Pign. act.*

(5) L. 1, L. II, C. *Si pign. convent.*

(6) L. XI, §. 2, D. *de Pign. et hyp.* — L. IX, §. 1, L. XII, §. 2, D. *de Usufr.*

(7) L. IX, D. *de Pign. et hyp.*

(8) L. LXXIV, L. LXXV, D. *de Rei vind.* — L. XVI, §. 2, D. *de Pign. act.* — L. XIII , §. 3 , D. *de Pign. et hyp.*

(9) L. XV, D. *Qui potior.*

(10) L. VII, L. VIII , C. *Quæ res pign.*

(11) L. XI, §. 3; L. XII, D. *de Pign. et hyp.* — L. IV, D. *de Servit.*

(12) L. XV, D. *de Pign. et hyp.*

(13) L. XVIII, §. 1, D. *de Pign. act.* — L. XVI, D. *de Pign. et hyp.*

(14) L. XXVI, §. 2; L. XXIX, §. 1, D. *de Pign. et hyp.*

(15) L. XXXIV, D. *de Pign. et hyp.*

(16) L. III, C. *In quib. caus. pign.* — L. VII, §. 1, D. *Qui pot. in pign.*

nostri dominii (1). Nempe vidimus usumfructum ab usufructuario pignorari posse (2). item qui publiciana uti potest, recte pignus contrahit (3). Item qui tantum administrandæ rei jus habent, tutor scilicet (4); et procurator, dum ei mandatum fuerit pignus dare, vel universa bonorum administratio permissa fuerit (5); et servus aut filius familias ex rebus peculiaribus quarum liberam habent administrationem (6); pignus constituere possunt in finibus ipsorum administrationis (7).

Maritus autem res dotales oppignorare non potest, quamvis in hoc uxor consentiat (8); nec pupillo licet, sine tutoris auctoritate, hypothecam dare (9).

XV. Non eo solum tempore quo datur, sed maxime quo pignus contrahitur, inspici debet an res ad eum qui dat pignori, pertineat (10). Inde, si pignus pro futura obligatione datum sit, cum non contracta fuerit pignoris obligatio priusquam constiterit ab altera parte obligatio, hoc tempore solum inspicietur an dominus sit qui rem pignorat (11). Hinc etiam aliena res utiliter obligari potest, sub conditione si debitoris facta fuerit (12). Generalem oppignorationem bonorum omnium, vel postea quæsitorum, receptam esse vidimus (13); sed in pignore speciali et pure contracto, inspici debet an dominus sit qui pignus dat, cum contrahitur; hoc enim casu creditori qui sciebat rem alienam esse, etsi debitor eam postea acquisierit, difficilius, id est, nunquam, actio conceditur (14).

XVI. Resne prorsus aliena pignorari potest? de qua quæstione multa disputata sunt, cum vendi posse rem alienam constet, et dicat lex ea quæ venditionem recipiunt, pignorationem etiam recipere posse (15). Nec difficile est solvere nodum.

Rem alienam sibi debitam quis pignorare potest (16); sed non tam rei, quam juris in ea, pignus consistit.

Facto, pignori res aliena dari potest (17); non autem *jure,* cum, quia aliena est, de-

(1) L. CLXXXI, D. *de Verb. signif.*

(2) V. Supra, XIII.

(3) L. XVIII, D. *de Pign. et hyp.*

(4) L. XVI, pr. D. *de Pign. act.*

(5) L. XI, pr. D. *de Pig. et hyp.* — L. XI, §. 7; L. XII, D. *de Pign. act.*

(6) L. XVIII, §. 4; L. XIX, D. *de Pign. act.*

(7) L. XVI, pr. D. *de Pign. act.* — L. I, §. 1, D. *Quæ res pign.* — L. III, L. VII, C. *Si alie. res pign.*

(8) Pr. Inst. *Quib. alien. lic.*

(9) L. I, pr. D. *Quæ res pign.*

(10) L. III, D. *de Pign. et hyp.*

(11) L. IV, D. *Quæ res pign.*

(12) L. XVI, §. 7, D. *de Pign. et hyp.* — L. XLI, D. *de Pign. act.* — L. V, C. *Si alie. res pign.*

(13) L. I, pr. — L. V, §. 1; L. XXXIV, §. 2, D. *de Pign. et hyp.*

(14) L. I, pr. — L. XV, §. 1, D. *de Pign. et hyp.* — L. XVI, §. 1, D. *de Pign. act.* — L. V, C. *Si alie. res pign.* — L. VIII, D. *de Collat.*

(15) L. IX, §. 1, D. *de Pign. et hyp.*

(16) L. I, pr. D. *de Pign. et hyp.* — L. III, D. *Qui pot. in pign.*

(17) L. IX, L. XLI, D. *de Pign. act.*

bitor conveniri possit a creditore (1). Hinc dicitur non posse rem alienam, invito domino, obligari (2): sed, eo volente, potest; vel si ratum habuerit, cum retro recurrat ratihabitio ad illud tempus quo convenit, valebit pignus (3); et tacita quidem sufficit voluntas (4); aut fraudulosa domini dissimulatio (5).

Imprimis notandum valere pignus rei alienæ inter debitorem et creditorem qui contrario judicio non usus est (6). Nec igitur recte affirmatur nunquam pignus rei alienæ posse consistere. Quod vero attinet ad regulam de venditione, nec ipsa rei alienæ venditio absolute valet; nam res auferri potest emptori, donec usuceperit (7). Præterea venditione non agitur ut res obligetur emptori, sed ut transeat possessio quam venditor debet, præstita cautione evictionis nomine et de dolo malo: venditor solum tenetur præstare rem habere licere, ut penes emptorem maneat; debitor autem pignoratitius jus reale et securitatem transferre tenetur in creditorem.

§. III.

XVII. Diversa pignorationi accedunt aliquando pacta, quorum celeberrimum est quod *Antichresis* vocatur. Hoc pacto convenit ut creditor, pro debiti usuris, rei pignoratæ fructus, nec in debitum imputandos, habeat; atque eousque possessionem retinet pignoris loco, donec ei pecunia solvatur (8). Ab usura differt Antichresis, quod nudo pacto constituatur, usura vero stipulatione; et definita sit usuræ, non vero Antichresis quantitas (9), &c.

XVIII. Potest fieri pignoris datio, ut si intra certum tempus non sit soluta pecunia, creditor jure emptoris possideat rem justo pretio tunc æstimandam; hoc enim casu conditionalis esse venditio videtur (10). Nec confundi debet hoc pactum cum lege commissoria quam prohibuit L. ult. C. *de pact. pign.* antea creditori licebat pignus ex pactione alienare, quod voluntate debitoris fieri intelligebatur (11).

XIX. Licitum pactum est quo debitor convenit ut, non soluto debito, posses-

---

(1) L. IX, L. XVI, §. 1, D. *de Pign. act.*

(2) L. IV, L. VI, L. ult., C. *Si alie. res pign.*

(3) L. XX, D. *de Pign. act.* — L. XVI, §. 1, D. *de Pign. et hyp.*

(4) L. V, §. 2, D. *In quib. caus. pign. taci.* — L. XXVI, §. 1, D. *de Pign. et hyp.*

(5) L. II, C. *Si alie. res. pign.*

(6) L. IX, §. 4, D. *de Pign. act.*

(7) L. XXVIII, D. *de Contr. empt.* — L. I, C. *de Reb. alien.*

(8) L. XI, §. 1, D. *de Pign. et hyp.* — L. XIV, L. XVII, C. *de Usur.*

(9) L. III, L. XVII, L. XXVI, §. 1, C. *de Usur.*

(10) L. XVI, §. 9, D. *de Pign. et hyp.* — L. LXXXI, D. *de Contrah. empt.*

(11) §. 1, Inst. *Quib. alien. lic.* — L. XLVI, D. *de Adq. rer. domin.* — V. L. ult., C. *de Ju. domin. impetr.*

3

sionem hypothecæ proprio ausu creditor occupet; nisi, existente casu, resistat debitor (1).

§. IV.

XX. Cum pactio pignoris dominium debitori non auferat, vendere, donare potest rem obligatam, etiam nesciente creditore; sed dominium transfert cum hypothecæ causa (2), imo, ex Pandectis, furtum facere censetur (3), ita ut, ait Gaïus (4), suæ rei furtum committatur. Quod si pactum sit a creditore ne debitori liceat hypothecam vendere, vel pignus, certum est nullam esse venditionem, ut pactioni stetur (5).

XXI. Debitori licet pacisci cum extraneo qui pecuniam præbet ea conditione ut creditori satisfiat, sibique cedantur ejus jura, modo pecunia in hanc solutionem revera fuerit adhibita (6).

Debitori etiam licet rem obligatam secundo obligare creditori; modo prædicat rem priori jam fuisse obligatam, ut stellionatus effugiat periculum; tunc pignori vel hypothecæ erit secundo id quod pluris est, imo et solidum, cum primo debito res fuerit liberata (7).

XXII. Jus illius qui rem pignori dedit in hoc præcipue stat, quod, soluto debito, vel satisfactione facta, *pignoratitia directa* agere possit adversus creditorem, ut rem restituat (8), aut adversus ejus heredes, imo omnes, quamvis unus pignus teneat (9): quæ quidem actio civilis est, et in personam.

Item agere potest debitor ad recuperandam Antichresim (10); et de superfluo (11), si res distracta fuerit a creditore, qui tenetur etiam restituere quod, actione in rem adversus malæ fidei possessores, amplius debito consecutus est (12).

Imo, quibusdam in casibus, nulla solutione aut satisfactione facta, pignoratitia

(1) L. XI, C. *de Pign. act.* — L. III, C. *de Pign. et hyp.* — L. LV, D. *de Furt.*

(2) L. XVIII, §. 2, D. *de Pign. act.* — L. XII, C. *de Distr. pign.* — L. IX, XV, C. *de Pign. et hyp.*

(3) L. XIX, §. 6; L. LXVI, pr. D. *de Furt.*

(4) *Comm.* III, §. 200, 204.

(5) L. VII, §. 2, D. *de Distr. pign.*

(6) L. III, D. *Quæ res pign.* — L. XII, §.8, D. *Qui pot.* — L. I, C. *Qui in loco prior.*

(7) L. XV, §. 2, D. *de Pign. et hyp.* — L. IV, D. *Qui pot. in pign.*

(8) §. 4, Inst. *Quib. mod. re contr.* — L. IX, §. 4, L. XXVIII, §. 1, D. *de Pign. act.* — L. ult., C. *de Luit. pign.*

(9) L. VIII, §. 2; L. XI, §. 4, D. *de Pign. act.*

(10) L. XXXIII, D. *de Pign. act.*

(11) Paul. *Sent.*, L. XI, tit. XIII, §. 1. — L. XXIV, §. 2, D. *de Pign. act.*

(12) L. XXI, §. 3, D. *de Pign. et hyp.*

agi potest; si creditor, v. gr., accepta pignora male tractaverit (1), aut si is qui pignus accepit, solum adstipulator fuerit (2).

Actione pignoratitia veniunt fructus a creditore percepti (3), et quod per furti actionem creditor consecutus est (4), quia in debitum imputanda sunt : item usuræ, si creditor ipse usus sit pecunia ex pignore redacta, vel in mora sit restituere superfluum (5).

Quidquid pignori commodi, sive incommodi fortuito accessit, ad debitorem pertinet (6); tenetur autem creditor de dolo, culpaque et custodia (7), ita ut ab eo exigantur quæ diligens paterfamilias in suis rebus præstare solet (8); et quamvis plerumque non cogi possit ut pignus distrahat, interim, ex causa, debitori datur actio ad rem pignori datam vendendam (9).

Regula generalis : Debitum, sed nihil amplius debito consequi debet creditor, ita ut quodcumque vel minimum ex pignore lucrum debitori præstiturus sit.

Hinc, si pluris vendiderit pignus quam debitum erat, nec acceperit pretium, mandandæ sunt actiones debitori adversus emptorem, periculo tamen venditoris (10).

---

(1) L. XI, §. 2, L. XXIV, §. 3, L. XLIII, D. de Pign. act. — L. XVIII, D. ad L. Aquil.

(2) L. XXXIII, D. de Pign. et hyp.

(3) L. XXII, §. 2, D. de Pign. act. — L. I, III, C. de Pign. act.

(4) L. XXII, pr. D. de Pign. act. — L. XV, pr. D. de Furt.

(5) L. VI, VII, XLII, D. de Pign. act.

(6) L. XXI, §. 2, D. de Pign. et hyp. —

— §. 4, Inst. Quib. mod. re contr. — L. VI, L. IX, C. de Pign. act.

(7) §. 4, Inst. Quib. mod. re contr. — L. XIII, §. 1, D. de Pign. act. — L. XXIII, D. de R. J. — L. V, §. 2, D. Comm. — L. IX, §. V, D. de Reb. auctor. jud. — L. V, C. de Pign. act. — L. XIX, C. de Pign. et hyp.

(8) L. XIV, D. de Pign. act.

(9) L. VI, pr. D. d. Pign. act. — L. XV, §. 5, D. de Re judic.

(10) L. XXIV, §. 2, D. de Pign. act.

C. III. — *De jure creditorum actionibusque quibus adjuvantur.*

Pignoris contractu creditori tribuuntur jus possessionis et persecutionis, jus præ-lationis, atque jus distrahendi pignoris.

Art. I.

§. I.

XXIII. Jam constat dominium pignoris manere apud debitorem, qui solus imo juris possessor est (1); sed possessionem habet creditor (2) : inde prædia obligata locare potest, vel ipsi debitori (3); nec pignora liberare cogitur, nisi debitum acce-perit (4).

XXIV. Hinc etiam pignus pignorare potest creditor suomet creditori; hoc enim casu, non rem quæ aliena est, sed jus suum obligat, et quidem jus distrahendi. So-lutione autem a primo debitore facta ante distractionem, utrumque pignus plerum-que evanescit (5).

XXV. Cum gratuita pecunia debitor utitur, potest creditor de fructibus rei sibi pignoratæ ad modum legitimum usuras retinere (6).

XXVI. Sæpe jus retentionis, quod non late patere jam perspeximus, exercere potest creditor : pacti scilicet antichresis nomine (7); ob usuras impensasve in rem factas (8); si rem alienam sciens pignori acceperit, cujus dominium postea debitori quæsitum est (9); item venditor pignoris loco, quod vendidit, retinet, quoad emp-tor satisfeceiit (10).

---

(1) L. I, §. 15, L. XXXVI, D. *de Adq. vel amitt.* — L. XV, §. 1, 2, D. *Qui satisd. cog.* — L. XVI, D. *de Usurp.*

(2) L. XXXV, §. 1, D. *de Pign. act.*

(3) L. XXIII, pr. D. *de Pign. et hyp.* — L. XXXV, §. ult., L. XXXVII, D. *de Pign. act.*

(4) L. XIX, D. *de Pign. et hyp.* — L. LXXXV, §. 6, D. *de Verb. obl.* — L. I, C. *de Luit. pign.*

(5) L. XIII, §. 2, D. *de Pign. et hyp.* —

L. I, L. II, C. *Si pign. pign.* — L. IV, C. *Quæ res pign.* — L. XL., §. 2, D. *de Pign. act.*

(6) L. VIII, D. *In quib. caus. pign.*

(7) L. XI, §. 1, D. *de Pign. et hyp.*

(8) L. IV, L. XXII, C. *de Usur.*

(9) L. I, pr. D. *de pign. et hyp.*

(10) L. XXXI, §. 8, D. *de Ædil. edic.* — L. XIII, §. 8, D. *de Act. empt.* — L. XXII, D. *de Hered. vel act.* — L. XIV, §. 1, D. *de Furt.*

§. II.

XXVII. Actio contraria pignoratitia in personam est, atque adversus debitorem creditori datur, ad id quod sua interest consequendum (1), ex variis causis : scilicet ut ipsi necessariæ præstentur impensæ (2); si rem pro alia re debitor obligaverit (3), vel rem alii jam pignoratam, nisi sufficiat ad exsolvendum utrumque debitum (4); demum, si rem alienam, aut rem vitiosam sciens debitor nescienti pignoraverit creditori, ex qua damnum is sensit (5).

Item contraria pignoratitia vel interdicto de precario agere potest creditor adversus debitorem cui possessio pignoris precario concessa est, et qui rem restituere recusat (6).

Aliquando etiam furti (7), vel ad exhibendum aut in factum actione, vel Aquilia debitor tenetur (8).

§. III.

XXVIII. Præter contrariam pigneratitiam, creditor agere potest in rem *Serviana directa* quæ datur ob tacitum pignus in invectis et illatis. Ast alia competit ei actio quæ maxime differt a cæteris, et insignem in Romano jure locum obtinet : nempe *actio in rem quasi-Serviana*, quæ vocatur etiam *actio in rem hypothecaria*, vel *actio in rem pignoratitia*, et modo directa, modo utilis est.

XXIX. Primum de dominio tantum competiissse videtur actio in rem, quæ paulatim ad alia jura extensa est, velut usumfructum, servitutes, superficiem, pignus atque hypothecam, et ita generis nomen induit.

Jus illud quod plerumque actionem in rem pariebat, et quod vocavimus *jus in re*, fere semper apud Romanos subjectione rei corporalis, personæ causa, declarabatur: *res mea est, res mihi servit, res mihi pignori est.* Inde actio in rem erat, quotiescumque, per formulæ intentionem nullo modo ex persona pendentem, quis petebat

---

(1) L. LIV, D. *de Fidej.*

(2) L. VIII, pr. L. XXV, D. *de Pign. act.* — L. VII, C. *de Pign. act.*

(3) L. I, §. 2, L. XXXVI, pr. D. *de Pign. act.*

(4) L. XXXVI, §. 1, D. *de Pign. act.*

(5) L. IX, pr. — L. XVI, §. 1, L. XXXI,

L. XXXII, D. *de Pign. act.* — L. LXI, §. 1, 3, D. *de Furt.*

(6) L. XXII, §. 3, D. *de Pign. act.*

(7) L. XXII, pr., L. III, D. *de Pign. act.* — L. LXXXVII, D. *de Furt.*

(8) L. XXVII, D. *de Pign. et hyp.* — L. IX, D. *ad Exhib.* — L. V, §. 3, L. XVII, D. *ad L. Aquil.*

ut agnosceretnr sibi esse jus in re, quasi rei subjectionem; et sæpe in pignoribus hæc verba occurrunt : res creditori *supposita* est.

XXX. Non solum ex hypotheca, sed ex pignore cujus possessio amissa fuit (1), Serviana locum habet; quæ pignoris vel hypothecæ persecutio prætoriam in rem parit actionem creditori (2), adversus quemvis rei possessorem cui debitor eam venditione, donato, etc., tradidit (3) : et quamvis debitor, qui rem suam vindicabat, superatus sit, æque servabitur actio Serviana creditori; nisi intervenerit ipse, vel passus sit debitorem agere (4).

Actio hypothecaria in hoc similis est illis quæ superficiario et emphyteuticario competunt. Quod ea non jus, sed res corporalis vindicatur (5), non manat ex dominio, nec utili quidem (6); creditor non possessor est, corporalem possessionem solum habet (7). Hinc persecutio pignoris haud immerito dici potest : *utilis rei vindicatio, sine dominio* (8). Nec omittendum, quod in titulo Institutionum *de actionibus*, conjungitur actioni in rem Publicianæ atque Paulianæ, quæ sunt fictæ rei vindicationes.

Quibus præmissis, non mirum est actionem in rem hypothecariam ex debitoris proprietate pendere, et hujus formulam eam esse debere : « Si paret rem, eo tempore quo pignus contrahebatur, *in bonis debitoris fuisse* (9) »; Sicut Paulianæ intentio : « Si paret eam rem *in bonis debitoris mansisse* (10) ». Hinc intelligitur quapropter hypothecaria, stricto jure, non competit, cum debitor rei alienæ pignori datæ dominium postea adeptus est (11); cur usucapione non perimatur, utpote quæ ad anteriorem referatur proprietatem, præscriptione vero quæ actiones extinguit, reddatur inefficax (12); cur demum creditor publiciana nunquam agere possit, necesse sit autem ut debitor non dominus eam actionem habeat, scilicet utile dominium,

(1) L. XXVIII, D. *de Pign. act.*

(2) L. XVII, D. *de Pign. et hyp.* — §. 7, Inst. *de Act.* — L. X, C. *de Pign. act.* — L. XVIII, C. *de Pign. et hyp.*

(3) L. XVIII, §. 2, D. *de Pign. act.* — L. XXXV, §. 1, D. *de Don.* — L. XIV, L. XV, C. *de Pign. et hyp.*

(4) L. III, L. XV, §. 1, D. *de Pign. et hyp.* — L. V, C. *Eod. tit.* — L. LXIII, D. *de Re jud.* — L. XXIX, D. *de Exc. rei jud.* — L. IV, §. 4, D. *de Appell.*

(5) §. 7, Inst. *de Act.* — L. XIII, §. 2; L. XVI, §. 3 ; L. XXIX, pr. D. *de Pign. et hyp.*

(6) L. XIII, §. 1, D. *de Public.* — L. XIII, pr. D. *de Usurp.*

(7) L. XV, §. 2, D. *Qui satisd. cog.* — L. XL, §. 2, D. *de Pign. act.*

(8) L. XVI, D. *de Servit.* — L. IX, D. *de Oper. nov. nunc.* — L. XIX, pr. D. *de Her. petit.*

(9) L. III, pr., L. XV, §. 1, D. *de Pign. et hyp.* — L. VI, C. *Si alie. res pign.*

(10) §. VI, Inst. *de Act.*

(11) L. V, C. *Si alie. res.*

(12) L. I, §. 2, D. *de Pign. et hyp.* — L. ult., C. *de Oblig.*

ut creditori detur utilis rei vindicatio (1). Notandum etiam creditorem, cui res aliena pignorata fuit, doli exceptione vel replicatione adversus debitorem adjuvari (2).

XXXI. Quod si dies solvendi debiti nondum venit, medio tempore pignora persequi permittendum est creditori, quia sua interest (3), vel melius quia pignus jam cum debito constitit. At si sub conditione debitum sit, ante conditionem agi non poterit. Si præsens sit debitum, hypotheca vero sub conditione, non poterit ante conditionem auferri, propter pactum conventum; debitor tamen cavere debebit de pignore tradendo, cum extiterit conditio (4).

XXXII. Integra creditori manet actio hypothecaria, quamvis judicati actionem habeat (5).

Si res hypothecæ data mutata fuerit, æque competet utilis Serviana, cum in solo consistat hypotheca (6). Hinc, si pignorata domus exusta fuerit, et emptor areæ quæ hujus pars est (7), aliam extruxerit, quia jus soli superficies sequitur, perseverat pignoris persecutio (8).

XXXIV. Creditor cui pignus ex conventione datum est, cæteris creditoribus non tenetur actione Pauliana, quia suo jure possidet; teneretur autem, si pignus prætorium esset, quia hoc commune est omnium (9).

Imo prior creditor, posteriore pignus tenente, adversus eum hypothecaria potest agere (10). Si tamen, postquam de generali pignore convenisset, quædam specialiter ei fuissent obligata, atque ex iis universum debitum redacturus esset, non vindicare poterit quæ secundo nominatim etiam fuerunt pignorata (11).

XXXV. Non solum prior qui credidit, sed et secundus hypothecam auferre potest ab omni possessore, præter priorem creditorem et qui ab eo empsit, quia in locum ejus successit (12).

XXXVI. Si debitor res suas duobus simul pignori dederit, ita ut utrique in solidum obligarentur, singuli in solidum, Salviana adversus debitorem, aut Serviana adversus extraneos utentur; inter ipsos autem possidentis melior erit conditio:

---

(1) L. XIII, §. 1, D. de Public. — L. XVIII, D. de Pign. et hyp.

(2) L. V, §. 2, D. de S. C. Maced. — L. XXI, §. 1. D. de Pign. et hyp.

(3) L. XIV, pr. D. de Pign. et hyp. — V. tam. L. V, §. 1, D. Quib. mod. pign.

(4) L. XIII, §. 5, D. de Pign. et hyp. — L. CCXIII, pr. D. de Verb. sign.

(5) L. XIII, §. 4, D. de Pign. et hyp.

(6) L. XVI, §. 2, D. de Pign. et hyp.

(7) L. XX, §. 2, D. de Serv. præd. urb.

(8) L. XXIX, §. 2, L. ult., D. de Pign. et hyp. — L. XXI, D. de Pign. act. — L. XLIV, §. 1, D. de Damn. inf.

(9) L. XIII, D. Quæ in fraud. cred.

(10) L. XII, §. ult., D. Qui pot. in pign.

(11) L. II, C. de Pign. et hyp.

(12) L. XII, §. 7, D. Qui pot. — L. II, D. de Cess. bon.

quod si id actum fuit ut pro partibus res obligarentur, utilis actio competet eis et adversus extraneos et inter ipsos, per quam singuli dimidias partes possessionis adprehendant (1).

XXXVII. Utilis etiam actio datur ei qui rem jam pignoratam pignori accepit ab ipso creditore (2); necnon adversus inquilinos illi qui, cum ad refectionem ædificii credidit, pactus est ut de pensionibus jure pignoris ipse creditum reciperet (3).

XXXVIII. Notandum superest in arbitrio creditoris fuisse, secundum jus Pandectarum, sive debitorem aut fidejussores in personam actione, sive in rem extraneos possessores convenire, modo prius debitor denunciatione monitus fuisset solvere (4) : sed ex Nov. iv, c. 2, si adversus alios possessores in rem agat creditor submoveri potest, donec debitoris et ejus intercessorum facultates excusserit.

ART. II.

§. 1.

XXXIX. Privilegia non ex tempore, sed ex causa æstimantur (5).

Qui credidit ob restitutionem ædificiorum, in pecuniam quam credidit, privilegium exigendi habet (6) : item pupillus in bona tutoris aut curatoris (7), etc. Ast impensa funeris omne creditum præcedere solet (8), atque mulier omnibus creditoribus tempore vel anterioribus præponitur (9).

XL. Jus pignoris aut hypothecæ privilegiis omnibus, quæ personalibus actionibus competunt, præferri constat (10).

XLI In judiciali pignore *potior* est, non qui prior vicit debitorem (11), sed qui

---

(1) L. X, L. XVI, §. 8, D. *de Pign. et hyp.* — L. I, L. II, D. *de Salv.* — L. I, C. *de Prec.* — L. CXXVIII, D. *de Reg. jur.* — L. VII, §. 6, D. *de Comm. divid.*

(2) L. XIII, §. 2, D. *de Pign. et hyp.*

(3) L. XX, D. *de Pign. et hyp.*

(4) L. XIII, §. 4, D. *de Pign. et hyp.* — L. XIX, D. *Qui pot.* — L. X, L. XIV, C. *de Pign. et hyp.* — L. XIV, C. *de Oblig. et cct.*

(5) L. XXXII, D. *de Reb. auct. jud.*

(6) L. XXV, D. *de Reb. cred.* — L. XXIV, §. 1, D. *de Reb. auct. jud.*

(7) L. XXV, D. *de Tut. et rat.*

(8) L. XLV, D. *de Relig.* — L. XVII, pr. *de Reb. auct. jud.*

(9) L. ult., C. *Qui pot. in pign.* — Nov. 97, c. 2.

(10) L. 9, C. *Qui pot.*

(11) L. LXI, D. *de Re jud.*

prior pignus ex causa judicati cepit (1); verum in prætorio pignore, immissio unius, creditoris omnibus prodest qui eumdem titulum habent (2).

XLII. Potior est in pignore conventionali, qui prior credidit pecuniam, modo prior ipse de pignore convenerit, licet posteriori res fuerit tradita, et in diem aut etiam sub conditione prior pactus sit; quia, cum semel conditio extitit, perinde habetur ac si illo tempore, quo stipulatio interposita est, pure facta esset (3).

Prioris causa creditoris non solum pro sorte potior est, sed et usurarum nomine earum etiam quæ accesserunt postquam secundus creditor sub iisdem pignoribus pecuniam dedit (4).

Priores tempore creditores Reipublicæ et fisco præponuntur (5); et sive possideant hypothecam, alius autem vindicet, sive, alio possidente, ipsi eam vindicent, utili exceptione vel replicatione adjuvantur (6).

XLIII. Secundus tamen creditor potior erit, si cum eo debitor, volente priore, de hypotheca pactus sit (7); aut si ex sui pignoris causa quoddam privilegium habeat, veluti qui credidit pecuniam quæ in rem conservandam impensa est, vel ad armandam reficiendamve navem (8), etc.

XLIV. Æqualis est plerumque omnium creditorum causa, quibus eodem die simul, non separatim, res eadem pignorata fuit (9).

§. 11.

XLV. Qui pecuniam mutuam dedit ut creditori solvatur debitum, et pactus est se loco hujus creditoris successurum, solutione facta creditori, in jus illius succedit (10). Item is cui creditor ipse, suo recepto, jus sui nominis cessit; et possessor rei pignoratæ, qui debitum solvit ea lege ut in locum creditoris succederet; et secundus creditor qui priori summam primo ordine creditam obtulit (11).

XLVI. Imo creditor in suum ipse locum potest succedere, et jure potior est, cum

---

(1) L. X, D. *Qui pot. in pign.* — L. XIX, D. *de Re jud.*

(2) L. XII, D. *de Reb. auct. jud.* — L. V., §. III, D. *Ut in poss. legat.*

(3) L. II, L. IX, §. 1, L. XI, §. 1, L. XII, §. 2, 10, L. XIV, D. *Qui pot.*

(4) L. XVIII, D. *Qui pot.*

(5) L. VIII, L. XXI, §. 1, D. *Qui pot.* — L. IV, C. *Eod. tit.* — L. II, C. *de Priv. Fisc.*

(6) L. XII, pr. D. *Qui pot.*

(7) L. XII, §. 4, D. *Qui pot.*

(8) L. V, L. VI, D. *Qui pot.* — L. XXVI, L. XXXIV, D. *de Reb. auct. jud.*

(9) L. XX, §. 1, D. *de Pign. act.* — L. X, pr., L. XVI, §. 8, D. *de Pign. et hyp.*

(10) L. XII, §. 8, 9, D. *Qui pot.*

(11) L. XIX, L. XII, §. 1, 6, L. XX, D. *Qui pot.* — L. IV, C. *de His qui in prior.*

post priorem conventionem, novatione facta, eadem cum aliis accepit pignora (1).

XLVII. Illud observandum superest, quod Justinianus, post Leonem, sancivit privatam scripturam non sufficere ad prælationis probationem, nisi trium idoneorum et fide dignorum testium subscriptionibus vel attestatione munita sit (2).

Art. III.

XLVIII. Jam vidimus in hoc potissimum consistere jus pignoris, ut creditori liceat illud distrahere, etsi non convenerit, modo ante denuntiatum sit debitori, ut pignus luat: ubi vero convenit ne liceret, creditor, si distraxerit, furti obligatur; nisi ter debitori fuerit denuntiatum ut solvat, et cessaverit (3).

Inde creditor, pignus distrahendo, causam dominii præstat quam ipse non habuit (4).

Nec pro sorte tantum non soluta, sed et pro usuris, atque etiam si majorem debiti partem consecutus sit, pignus distrahere potest creditor (5).

Attamen hoc jure uti nequit, priusquam solvendi debiti dies venerit; item cum in mora est accipere, aut cum ei oblata, eoque non accipiente, deposita fuit pecunia (6).

XLIX. Qui potior est in pignore, atque heres ejus, distrahendi jus habet: posterior autem creditor non habet, nisi, soluta oblatave priori pecunia, in locum ejus successerit; vel prior fuerit dimissus, cum ei quocumque modo satisfactum fuerit (7).

L. Debitore rem obligatam tenente, præsidem provinciæ creditor adire debet, ut actione Serviana rem persequatur et distrahendi facultatem habeat (8).

LI. Creditor jus suum emptori cedere, possessionemque et radere, si pignus possidet,

---

(1) L. III, L. XII, §. 5, L. XXI, D. *Qui pot.*

(2) L. XI, C. *Qui pot.*

(3) L. IV, L. V, D. *de Pign. act.* — L. VII, §. 2, D. *de Distr. pign.* — Paul. *Sent.,* L. XI, tit. v, §. 1; tit. XIII, §. 5. — L. IV, L. IX, L. XIV, C. *de Distr. pign.* — Fortasse quis hæc verba L. IV, D. *de Pign. act.*: « Nisi *ei* ter fuerit denuntiatum », ita accipiet ex L. II, C. *Debitor. vendit.*; « Furti obligatur creditor, nisi ei (creditori) ter fuerit denuntiatum a debitore ut pignus redimat vel præstet, et præstaverit ». Nec valde obstaret Paul. *Sent.,* L. XI,

tit. XIII, §. 5, cum sit de fiducia quæ dominium auferebat debitori.

(4) L. XLVI, D. *de Adq. rer. domin.* — §. 1, Inst. *Quib. alien. lic.*

(5) L. VIII, §. 5; D. *de Pign. act.* — L. VI, C. *de Distr. pign.*

(6) L. IV, D. *de Distr. pign.* — L. V, L. VIII, C. *Eod. tit.* — L. II, C. *Debit. vendit. pign.*

(7) L. III, C. *Si antiq. cred.* — L. VIII, §. 4, L. XI, §. 4, D. *de Pign. act.* — L. I, L. V, D. *de Distr. pign.* — L. IV, D. *Qui pot.* — L. I, L. V, C. *de Distr. pign.*

(8) L. XIV, C. *de Distr. pign.*

atque si quas habet adversus debitorem actiones præstare tenetur, non vero ob evictionem defendere (1). Qui rem pignoratam jure empsit, fraudis inscius, de proprietate vinci nequit (2).

Quod si rem alienam pignori datam jure distraxit creditor, nesciens alienam esse, non potest emptor, re evicta, ad venditorem recurrere (3). si creditor non ea lege distraxerit rem ut evictionis nomine obligaretur, quantum ad creditorem liberatur debitor; quantum vero ad emptorem, ei, post evictionem, utili actione tenetur, cum ipse videatur vendidisse (4).

LII. Ubi pretium ex re distracta percepit creditor aut acceptum emptori tulit, liberatur debitor, at solum quoad debiti quantitatem in quam sufficit pretium, quod primum jam debitis usuris, deinde sorti ferendum est (5).

Si resoluta fuerit pignoris venditio, res redit in pristinam causam, et dominium ad debitorem revertitur (6).

LIII. Ipse pignus emere creditor, nisi volente debitore, prohibetur (7). Sed cum nullus emptor pignoris invenitur, præsenti debitori facta denuntiatione, vel, si fuerit absens, elapso tempore quod judex statuit, creditor a Principe potest impetrare ut dominii jure pignus ipse retineat (8).

C. IV. — *De jure aliorum possessorum.*

LIV. Si quis apud judicem, vel per injuriam, victus, rem petitam pignori postea obligaverit, submovebitur creditor exceptione rei judicatæ, quia non plus habere potest, quam qui pignus dedit. Aliud dicendum, si conventio pignoris sententiam præcesserit (9).

LV. Circumventus a creditore possessor pecuniam pro qua pignus erat solvere,

(1) L. X, L. XIII, L. XXXVIII, D. *de Distr. pign.* — L. LXVIII, D. *de Evict.*

(2) L. VII, §. 1, D. *de Distr. pign.* — L. VII, L. XVIII, C. *Eod. tit.* — L. VI, C. *de Oblig. et act.* — L. I, L. III, L. IV, C. *Si vend. pign. agat.*

(3) L. XXX, D. *de Pign. et hyp.* — L. XI, §. 16, D. *de Act. emp.* — L. II, C. *Cred. evic. pign.*

(4) L. XII, §. 1, D. *de Distr. pign.* — L. LXXIV, §. 1, D. *de Evict.*

(5) L. XXVI, D. *de Solut.* — L. XXVIII, D. *de Reb. cred.* — L. XXXV, D. *de Pign. act.* — L. X, C. *de Obl. et act.*

(6) L. X, §. 1, D. *Quib. mod. pign. solv.*

(7) Paul. *Sent.*, L. XI, tit. XIII, §. 4. — L. XII, pr. D. *de Distr. pign.* — L. X, C. *Eod. tit.* — L. XIII, C. *de Pign. et hyp.*

(8) L. I, L. ult. C. *de Jur. domin. impetr.*

(9) L. III, §. 1, D. *de Pign. et hyp.* — L. XXVIII, L. XXIX, §. 1, D. *de Exc. rei. jud.*

4.

aut rem obligatam restituere potest, creditorque a vindicatione removetur (1). Hinc etiam secundus creditor, offerendo priori vel obsignando debitum, pignus sibi confirmat (2). Qui rei pignoratæ dominium a debitore quæsivit, eam rem vindicare potest, ut ipsi creditor, satisfactione facta, possessionem reddat (3). Imo res obligatas exterus, solvendo debitum, recte liberat; et quamvis earum dominium adipisci nequeat, liberatum pignus retinere potest, donec ei pecunia restituta fuerit : atque usurarum quas solvit usuræ illi præstandæ sunt, cum negotium alterius gesserit, et solutæ usuræ pro sorte sint (4).

LVI. Si vindicanti creditori pignus possessor restituere velit, nec possit, sed caverit se restiturum, absolvendus est. Sin vero dolo desiit possidere, nec rem restituat, tanti condemnabitur, quanti actor in litem juraverit (5); quia, in actionibus in rem, ob dolum aut contumaciam non restituentis, in litem juratur (6).

LVII. Usucapti fructus a bonæ fidei possessore, quamvis nominatim debitor convenisset ut fructus quoque pignori essent, non restituendi sunt : nunquam enim debitoris, nec igitur pignori fuerunt, cum fructus quos percepit suos faciat bonæ fidei possessor. Attamen si res pignorata minoris sit eo quod debetur, benigna interpretatione, fructus extantes necdum usucapti, pignoris causam, officio judicis, sequuntur (7).

LVIII. Causa pignoris usucapi nequit, id est, usucapto rei pignoratæ adversus debitorem dominio, pignoris persecutio non perimitur (8). Sed postea receptum est ut bonæ fidei possessor, 10 aut 20 annorum præscriptione, actionem creditoris inefficacem constitueret (9); malæ autem fidei possessor, 3o annorum præscriptione. Quod si posterior creditor est qui possidet, 4o annis, vivente debitore; 3o, mortuo eo, præscribere potest (10).

·(1) L. XVI, §. 3, D. de Pign. et hyp. — L. XII, §. 1, D. Quib. mod. pign. — L. XIX, D. Qui pot.

(2) L. XXII, C. de Pign. et hyp. — L. I, C. Qui pot.

(3) L. IX, C. de pign. et hyp.

(4) L. XXI, C. de Pign. et hyp. — L. XII, §. 6, D. Qui pot.

(5) L. XVI, §. 3, D, de Pign. et hyp.

(6) L. II, §. 1, L. V, pr. §. 3, D. de In lit. jur. — L. XLI, §. 1, D. de Re jud.

(7) L. I, §. 2, L. XVI, §. 4, D. de Pign. et hyp.

(8) L. I, §. 2, D. de Pign. et hyp. — L. XLIV, §. 5, D. de Usurp. — L. XII. D Pro empt. — L. II, D. Pro Her. — L. VII, C· de Pig. et hyp.

(9) L. I, L. II, C. Si adv. cred. præscr. — L. XIV, C. de obl. et act.

(10) L. VII, C. de Præscr. 3o vel 40 ann.

C. V. — *Quibus modis pignus vel hypotheca solvitur.*

LIX. Cum, ubi principalis causa non consistit, nec ea quæ sequuntur plerumque locum habeant (1); soluta obligatione cui accesserat, solvi pignus constat.

Hinc totius quod creditori debetur, tum sortis, tum usurarum solutione pignus extinguitur; nec refert an ipse debitor, aut exterus pro eo res obligatas liberavit (2).

LX. Solvitur etiam pignus totius debiti consignatione (3); item confusione, sed jura hypothecæ reviviscunt, si debitoris hereditatem creditor cum beneficio inventarii adierit (4); item novata obligatione, nisi convenerit ut pignoris nomine res eadem teneatur (5); re judicata vel jurejurando (6); atque exceptione pacti : ne pecunia petatur (7).

LXI. Soluto jure illius qui pignus constituit, jus etiam pignoris evanescit (8).

LXII. Sicut re corporali, ita et incorporali extincta, vel re in aliam speciem transita, pignus hypothecave perit (9): item, si volenti creditori quocumque modo pro hypotheca satisfactum fuerit (10).

LXIII. Cum pactum fuit de remittendo pignore inter creditorem & debitorem, vel inter idoneos ipsorum procuratores, pignus extinguitur (11; quod fieri etiam solet, si creditor jus alienandi habens cuilibet alienationi totius rei pignoratæ consenserit : creditor enim qui permittit rem venire, pignus dimittere censetur, nisi salva causa pignoris sui consensit (12). Nec refert an hic consensus præcesserit vel secutus fuerit venditionem, expressusve sit aut ex aliquo facto præsumatur (3);

(1) L. CXXIX, L. CLXXVIII, D. *de Reg. jur.*

(2) L. I, §. 1, D. *Quib. mod. pign. solv.* — L. VIII, §. 2, D. *de Pign. act.* — L. XIII, §. 6; L. XIX, D. *de Pign. et hyp.* — L. I, C. *de Luit. pign.* — L. XXI, C. *de Pign. et hyp.*

(3) L. XX, C. *de Pign. et hyp.* — L. III, C. *de Luit pign.*

(4) L. XX, §. III, D. *de Pign. act.* — L. ult., §. 9, C. *de Jur. delib.*

(5) L. XI, §. 1, D. *de Pign. act.* — L. XVIII, D. *de Nov.* — L, I, §. 2, D. *Quib. mod. pign.* — L. un., C. *Eti. ob chirogr.*

(6) L. XIII, D. *Quib. mod. pign.*

(7) L. V, D. *Quib. mod. pign.*

(8) L. XXXI, D. *de Pign. et hyp.*

(9) L. VIII, pr. D. *Quib. mod. pign.* — L. XVIII, §. 3, D. *de Pign. act.*

(10) L. V, §. 2, 3, L. VI, §. 1; L. XIV, D. *Quib. mod. pign.*

(11) L. VIII, §. 2, 3, 4, 5, L. VII, §. 1, 2, D. *Quib. mod. pign.*

(12) L. CLVIII, D. *de Reg. jur.* — L. IV, §. 1, L. VII, pr., L. VIII, §. 11, D. *Quib. mod. pign.* — L. II, C. *de Rem. pign.*

(13) L. IV, §. 1, L. VIII, §. 15, L. IX, pr., L. XI, D. *Quib. mod. pign.*

modo venditionis effectus secutus sit aut videri debeat (1). Quod si, resoluta venditione, res ad debitorem rediit, pristinum jus creditori restituitur (2): quod mutavisse Justinianus videtur (3).

Jus etiam suum remisse creditor censetur, qui rem eamdem alii obligari concessit ; nisi ex facto appareat eum voluisse tantum alterius creditoris loco constitui (4).

LXIV. Item liberatur pignus, si tempore finitum est, vel si qua ratione finita est ejus obligatio (5). Inde, ut vidimus, praescriptio longi temporis opponi potest creditori, salva tamen actione in personam adversus debitorem, cujus heres ipse praescriptione se tueri nequit, nisi proprio nomine rem possideat (6).

Verum ex Justinianea constitutione, debitori omne jus pignoris adversus creditorem, si rem ipse possideat, item heredi ejus, 4o annis praescribere licet (7).

LXV. Multa jam disputata sunt atque diu disputabuntur de hac quaestione: jusne luendi pignoris adversus debitorem praescribi potest? Constat ex rescriptis Diocletiani atque Maximiani debitorem, omni pecunia soluta vel consignata, pignus persequentem, nulla longi temporis praescriptione repelli posse (8); sed excludi potuisse nobis videtur, ex Honorii et Anastasii legibus (9), 3o annorum praescriptione, quae solum ex eo tempore quo debitum solutum fuit, currere debuit (1o).

(1) L. IV, §. 2, L. VIII, §. 6, 7, 12, 13, 14, 17, 18, D. Quib. mod. pign.

(2) L. VIII, §. 7, L. X, D. Quib. mod. pign.

(3) L. ult., C. de Rem. pign.

(4) L. IX, §. 1, L. XII, pr. D. Quib. mod. pign. — L. XII, §. 4, D. Qui pot.

(5) L. VI, pr. D. Quib. mod. pign.

(6) L. I, L. II, C. Si adv. cred. praescr. — L. V, §. 1, D. de Div. tempor.

(7) L. VII, §. 1, C. de Praescr. 3o vel 4o ann.

(8) L. X, L. XII, C. de Pign. act.

(9) L. III, L. IV, C. de Praescr. 3o vel 4o ann.

(1o) L. IX, §. 3, D. de Pign. act. — L. X, C. Eod. tit.

DROIT FRANÇAIS.

DES PRIVILÈGES ET DES HYPOTHÈQUES.

C. civ. Liv. III, tit. XVIII.

PROLÉGOMÈNES.

La Grèce avait admis et même exagéré le système de la publicité des hypothèques. La législation romaine ne le connut point. Cette dissidence s'explique
aisément par le contraste des mœurs et du caractère national des deux peuples,
par l'emploi fréquent du gage et l'extension qui lui fut donnée chez les Romains,
par leur dédaigneux éloignement pour toutes les transactions commerciales, et les
voies nombreuses ouvertes aux créanciers contre les débiteurs.

Le fléau de notre ancienne législation, l'anarchie, éclatait surtout en matière
d'hypothèques. La France était partagée, pour ainsi dire, en deux camps ennemis,
qui avaient arboré, l'un l'étendard de la clandestinité, l'autre celui de la publicité.
La compilation de Justinien, avec ses hypothèques occultes, régissait les pays de
droit écrit; tandis que l'esprit des lois Athéniennes revivait dans les coutumes des
provinces du nord, et des provinces Belges. A Toulouse, la femme était privilégiée
pour sa dot, aux dépens de tous les créanciers hypothécaires du mari, même
antérieurs au mariage; à Rouen, toute obligation authentique, ou même privée,
mais seulement alors du jour du décès de l'obligé, emportait, de plein droit,

hypothèque sur les biens présens et à venir : à Reims, à Amiens, à Lille, les mutations de propriété n'étaient consolidées que par une transcription sur des registres publics, et l'hypothèque ne pouvait se constituer que par un *clain réel*, une *mise de fait*, un *nantissement*, prises de possession civile, et par les *œuvres* ou *devoirs de loi*, qui en étaient les formalités.

Sully (1) avait voulu la publicité de l'hypothèque; Colbert la réalisa par un édit de 1673, qui fut révoqué l'année suivante (2). Ce principe, il est vrai, fut repoussé par d'Aguesseau (3) : on a essayé de justifier, de pallier son opinion ; mais l'illustre chancelier a trop de titres à une gloire immortelle, pour qu'on ne puisse avouer qu'il combattit le système de la publicité, par les déplorables objections qu'on a si souvent élevées contre lui.

Un édit de 1771 apporta quelques remèdes à la législation précédente : il fit disparaître les *décrets volontaires*, seul moyen qu'eussent les acquéreurs pour purger leur propriété. Des *lettres de ratification* affranchissaient l'immeuble acquis des hypothèques dont il était grevé, et tous les créanciers du vendeur, même le mineur et la femme, devaient, pour conserver leurs droits (sauf le douaire), former des oppositions.

Une loi du 9 messidor an III vint enfin, nous ne dirons pas organiser, mais proclamer hautement le principe de la publicité. Cette loi est bizarre : on l'a souvent et justement critiquée; mais on a trop oublié que c'était une loi de circonstance, une loi essentiellement politique, qui tendait à mobiliser rapidement toutes les fortunes territoriales. Elle n'admettait ni privilèges, ni hypothèque tacite. Les servitudes foncières pouvaient s'hypothéquer. Les actes authentiques et les jugemens conféraient hypothèque, du jour de leur date, si le créancier s'était inscrit dans le délai d'un mois; sinon, du jour de l'inscription, qui s'étendait sur tous les biens présens et à venir de l'obligé, situés dans l'arrondissement du bureau où elle avait été prise. L'heure décidait de la priorité. L'inscription pouvait être réduite comme excessive, lorsque, sur le capital ou prix vénal des biens, il restait un quart libre de toute hypothèque. Les propriétaires pouvaient prendre hypothèque sur eux-mêmes, et transmettre, par la voie de l'endossement à ordre, la cédule hypothécaire, qui formait un titre exécutoire contre eux. Ils devaient déclarer eux-mêmes l'origine, la nature, la valeur de leurs biens, au conservateur; mais celui-ci était admis à contester cette déclaration et à la contrôler par une expertise. Le tiers-acquéreur avait la faculté de purger, en payant toutes les créances et les cédules hypothécaires; etc.

(1) *Mémoires*, L. XXVI.
(2) Pour quels motifs? *V.* le *Testament politique de Colbert*, c. 12.
(3) *V.* ses *OEuvres*, t. XIII, pag. 620, édit. in-4.

Cette loi, morte presqu'à sa naissance, fut remplacée par celle du 11 brumaire an VII, dans laquelle a été puisé le titre du Code civil, mais qui lui est supérieure, comme système et comme rédaction. Elle reconnaissait quelques privilèges, mais non ceux qui portent sur certains meubles. Elle établissait la publicité et la spécialité, dans toute leur force et leur étendue, sauf qu'elle dispensait de l'inscription les privilèges suivans : les frais de scellés et d'inventaire ; la contribution foncière, pour une année échue et l'année courante ; les frais de dernière maladie et d'inhumation : les gages de domestiques, pour une année et l'année courante. Il est à remarquer qu'elle avait ainsi arrêté, par l'article 14, l'ordre de collocation : 1° Les créances ci-dessus indiquées, dans leur ordre ; 2° le privilège des ouvriers, des entrepreneurs et de leurs cessionnaires ; 3° Celui du vendeur, pour le prix qui lui était dû ; 4° Les créances hypothécaires, suivant la priorité d'inscription. En autorisant la purge et la surenchère des créanciers, elle ne leur prescrivait sagement de porter la surenchère qu'à 1/20 en sus. Un de ses principes fondamentaux était : que la vente ne fût parfaite que par la transcription.

D'après le projet du Code civil, l'hypothèque avait rang du jour du contrat qui la constituait, et qui pouvait se passer devant un notaire quelconque ; elle frappait tous les immeubles du débiteur. Celui-ci avait la faculté d'aliéner ; mais ses créanciers devaient aussitôt déduire, individuer et articuler leurs droits en justice, par les voies d'opposition, qui étaient de quatre espèces, partager le prix selon l'ordre de priorité des contrats, ou offrir un prix plus élevé ; le tout devant le juge. L'acquéreur était protégé par la disposition de l'édit de 1771 : des lettres de ratification exprimaient à quels créanciers devait être distribué le prix d'achat, et déclaraient la propriété purgée des privilèges et hypothèques non déduits en justice, ou qui n'auraient pu être utilement colloqués, par l'insuffisance du prix. Il y avait jusqu'à vingt-six exceptions au principe de la priorité de rang selon la date du titre, et une vingtaine de déchéances diverses.

Ce projet, dont Justinien eût envié la gloire, n'avait eu pour lui que quatre voix, sur huit, dans la commission ; encore deux membres ne lui avaient-ils donné leur assentiment, que parce qu'ils n'avaient point d'opinion fixe. On sait qu'il vint échouer au Conseil d'Etat, après une lutte opiniâtre entre les partisans des deux systèmes ennemis ; et que celui de la publicité et de la spécialité n'en sortit victorieux, qu'avec des concessions qui ne l'ont que trop dénaturé : transaction malheureuse, qui rappelle involontairement celle qui avait déjà corrompu le titre des successions. il ne faut pas, néanmoins, faire retomber tous les vices de notre législation hypothécaire, sur le premier consul dont l'opinion mixte avait prévalu, ni même sur la majorité. La minorité a cherché à paralyser le principe qu'elle avait combattu : elle l'a poursuivi dans ses applications et dans ses conséquences, et a surpris, pour ainsi

5

dire, quoique de bonne foi, sans doute , plusieurs dispositions empreintes de l'esprit dont elle était pénétrée. Il serait facile de faire disparaître ces taches de notre Code hypothécaire, qui est déjà un véritable bienfait par les maximes fondamentales qu'il consacre. Il suffit d'entrer plus franchement dans le principe vital de la publicité, sans anéantir toutefois les hypothèques légales, et sans exagérer le principe de la spécialité, qui n'est que l'accessoire et l'instrument du premier. Il y aurait aussi des lacunes à remplir, beaucoup à simplifier, quelques améliorations à introduire pour restreindre la fiscalité, pour faciliter et protéger mieux encore les engagemens des prêteurs et des propriétaires (1).

(1) Nous avons cru convenable de signaler rapidement les principales améliorations que peut recevoir notre législation hypothécaire, et qui sont à-peu-près généralement réclamées; mais il ne nous appartient pas de nous livrer ici à une discussion critique des dispositions du Code. On s'accorde à appeler des amendemens sur l'ordre des privilèges, sur le privilège du vendeur, sur les délais et les formalités de l'inscription et de la conservation des privilèges et hypothèques; sur le mode et les effets de la transcription. Les articles 2093, 2107, 2108, 1654, 2111, 2123, 2130, 2136, 2146, 2148, 2169, 2194, 2195 du C. c , 834 du C. de pr. c., etc., paraissent, à divers jurisconsultes, susceptibles d'être réformés, complétés, ou mieux rédigés. Plusieurs croient surtout nécessaire de ne point conserver à l'hypothèque légale des femmes, des mineurs et des interdits, une existence indépendante de toute inscription. On pourrait, en exigeant cette formalité pour vivifier l'hypothèque légale, la considérer comme une mesure d'ordre public, et la faire accomplir ou requérir par les familles, notaires, officiers de l'état civil, et autres personnes. De précieux développemens sur les imperfections de la loi actuelle se trouvent dans les ouvrages qui roulent sur cette matière, notamment dans ceux de M. Hua, de M. Grenier (§. 6 du *Disc. prélimin.* — §. 352, 382, etc., du *Traité*), ainsi que dans la *Thémis française:* elle a combattu dans un article spécial (t. V, p. 226) le système hypothécaire de notre Code, et résumé les dispositions décrétées sur ce sujet par le Code autrichien, le Code napolitain, le nouvel Edit milanais, les nouveaux Codes de la Bavière et des Pays-Bas (on sait que le pacte hypothécaire n'est point admis par la législation anglaise). Le Système bavarois, ouvrage du savant jurisconsulte M. Goenner, pourrait surtout suggérer des vues neuves et utiles à nos législateurs : il est basé sur le principe : que l'intérêt des parties, ou de l'une d'elles, doit être sacrifié à l'intérêt des tiers. Il veut que toutes hypothèques, même légales, soient inscrites sur l'immeuble et sur la personne; car les registres doivent être tenus par *noms de propriétés*, aussi bien que par *noms de personnes*. Il a repoussé la distribution par contribution. Dans la classe des créanciers chirographaires, le plus ancien en date est préféré, etc. Genève prépare aussi, en ce moment, un nouveau Code hypothécaire.

On attend avec impatience des considérations sur les réformes dont notre régime hypothécaire est susceptible, surtout sous le point de vue des transactions commerciales, considérations que doit prochainement publier un membre de la Chambre des Députés, à-la-fois grand capitaliste et grand propriétaire, dont l'esprit saisit et embrasse, avec un égal succès, les questions les plus variées. On annonce qu'il exprimera le vœu que les créances hypothécaires soient transmissibles par voie d'endossement.

Il nous semble utile, avant de passer à l'exposition des principes du Code sur les hypothèques, de résumer en quelques mots les principaux bienfaits du système qu'il a voulu consacrer, et qu'on a justement appelé l'état civil des propriétés foncières.

La spécialité se lie nécessairement à la publicité, en ce qu'elle assure l'efficacité de l'hypothèque, et met en évidence la situation et le crédit de l'emprunteur. De ces deux principes combinés résultent la proscription du crédit imaginaire, l'établissement du véritable crédit, la prudence et la loyauté dans les engagemens ou les spéculations (on conçoit qu'il n'est pas ici question du crédit proprement appelé commercial, qui repose sur la considération des individus). Sans publicité et sans spécialité, l'hypothèque n'est plus vraiment un gage : quels que soient les immeubles d'une personne, on ne peut être sûr qu'ils soient libres ou suffisans. Les créanciers sont aisément surpris et fraudés ; la confiance disparaît, les emprunts deviennent difficiles et onéreux, l'usure les accompagne ; le propriétaire est hors d'état de prouver sa situation, quand il veut emprunter. Une modique hypothèque pesant sur tous ses biens, dès qu'il veut en aliéner une partie, tous ses créanciers forment des oppositions, et son crédit s'écroule ; il faut une procédure d'ordre en justice pour chaque mutation de biens, des ratifications prononcées par les tribunaux ; la poursuite d'un seul créancier entraîne une discussion générale et un concours de tous les créanciers sur chaque immeuble : de là, la multiplicité ruineuse des saisies réelles. Sous le point de vue de l'économie politique, difficulté des transactions, inertie des capitaux, non-libre disposition des biens-fonds. Le contraste des avantages contraires de la publicité et de la spécialité est assez évident. On ne traite vraiment avec sûreté, que sous la garantie des biens présens : la spécialité donne cette garantie, et prémunit le débiteur contre la facilité désastreuse à consentir des hypothèques générales. Les hypothèques légales et judiciaires se rapprochent de la spécialité, par l'inscription prise dans chaque arrondissement. La publicité rend presque impossibles les stellionats si nombreux sous le système opposé. Celui qui veut acquérir un immeuble, connaît presque aussitôt les charges dont il est grevé, peut se décider en conséquence, et exige moins de sacrifices de la part du vendeur. Enfin, l'on ne peut pas dire, en général, que la fortune des citoyens se trouve ainsi indiscrètement révélée ; car les inscriptions n'affectent que les immeubles, et se prennent dans divers arrondissemens, selon la situation des biens, et sur un bien spécial. Il faut même le reconnaître, la fortune des propriétaires est moins soumise à l'inquisition des prêteurs, que sous le régime des hypothèques occultes.

PRINCIPES DU CODE CIVIL

SUR LES PRIVILÈGES ET LES HYPOTHÈQUES.

Nous présenterons les disposttions essentielles de la loi, avec la solution de quelques questions qui s'y rattachent, dans l'ordre suivant : 1° de la nature et des caractèies distinctifs des privilèges et des hypothèques; 2° des privilèges; 3° de l'hypothèque conventionnelle; 4° des hypothèques judiciaire et légale; 5° de l'effet des privilèges et des hypothèques contre les tiers-détenteurs; 6° de l'extinction des privilèges et des hypothèques.

L'indivisibilité, la publicité, la spécialité, tels sont les trois principes fondamentaux du système hypothécaire. Le premier, néanmoins, est modifié par la restriction et la réduction; le second subit une exception pour l'hypothèque légale; le troisième en reçoit aussi pour les hypothèques légale et judiciaire, et même, dans un cas (1), pour l'hypothèque conventionnelle; mais les deux autres espèces d'hypothèques se ramènent à ce principe par la voie de la restriction et de la réduction.

C. I. — *De la nature et des caractères distinctifs des privilèges et des hypothèques.*

Quiconque est obligé personnellement, est tenu de remplir son engagement sur tous (2) ses biens mobiliers ou immobiliers, présens et à venir. Ces biens sont la commune garantie de ses créanciers, et le prix s'en distribue entre eux par contribution, à moins qu'ils n'aient à faire valoir des causes légitimes de préférence.

---

(1) Art. 2130.
(2) V. except. C. pr. c., art. 592, 593. — C. com., art. 215. — Arr. du 2 prair. an 11, art. 3.

— L. du 8 niv. an vi, art. 4. — L. du 21 niv. an ix. — Arr. du 18 niv. an 11. — Av. du Cons. d'Etat, 2 fév. 1808. — Décr. du 1er mars 1808.

Les causes légitimes de préférence sont les privilèges et les hypothèques (1).

§. I.

I. Le privilège a sa source dans la seule autorité de la loi ; mais il a quelquefois besoin d'être assuré par des formalités (2).

C'est, entre créanciers, un droit de préférence, fondé sur la cause de la créance, et indépendant de l'époque où il a pris naissance. Il prévaut, par conséquent, sur toutes les créances même hypothécaires, et se colloque suivant le plus ou moins de faveur légale du privilège (3).

Il a, comme droit réel, plusieurs analogies avec l'hypothèque : aussi l'appelle-t-on quelquefois, assez improprement, *hypothèque légale privilégiée*. Mais les privilèges sur certains meubles sont presque entièrement étrangers au système hypothécaire ; car ils ne jouissent pas du droit de suite, et sont exempts et même insusceptibles d'inscription.

II. D'après les principes que nous venons de poser, et le véritable caractère de la prérogative accordée, par l'art. 2111, aux créanciers et aux légataires d'une succession (V. XXV.), nous ne saurions y reconnaître un privilège, dans l'acception légale du mot, quoiqu'on puisse l'appeler ainsi, avec la loi. Peut-être pourrait-on refuser aussi ce titre au droit de préférence attribué au gage qui repose sur une convention, sur un dessaisissement volontaire du débiteur (4). Nous y voyons, toutefois, un véritable privilège, quoique exceptionnel, accompagné, de plus, du droit de rétention.

III. Ce droit de rétention n'est pas littéralement énoncé dans le **Code** ; mais il résulte de plusieurs de ses articles (5). Il repose sur cette règle : que lorsque la cause d'un engagement produit des obligations réciproques, on ne peut réclamer l'exécution d'une obligation, sans satisfaire à l'autre. Ce droit peut donc s'étendre : il peut s'accorder à tout détenteur de bonne foi, qui est fondé à réclamer une indemnité ; il serait donc permis de l'appliquer à ceux dont parlent les articles 555, 1890, 2175 du Code, puisqu'il est formellement concédé dans le cas de l'art. 867.

§. II.

IV. L'hypothèque est l'affectation déterminée d'un immeuble ou des immeubles

---

(1) Art. 2092, 2093, 2094.
(2) Art. 2074, 2102, §. 1, art. 2103, §. 2, 4, 5, art. 2106.

(3) Art. 2095, 2096.
(4) Art. 2074, 2076.
(5) Art. 867, 1673, 1749, 1948, 2082.

appartenant au débiteur, pour la garantie de l'exécution de ses engagemens envers un créancier.

V. Le droit qu'elle engendre se distingue des autres en ce que c'est un droit *réel*, c'est-à-dire, qui n'est point limité par un lien personnel, un droit qui repose sur la chose, qui s'attache à elle, et qui la suit, par conséquent, dans quelques mains qu'elle passe.

VI. C'est un droit *indivisible* : il subsiste en entier sur tous les immeubles qu'il effecte, sur chacun et sur chaque portion de ces immeubles (1).

Mais l'indivisibilité de l'hypothèque est indépendante de la divisibilité de la dette qui conserve cet attribut, si elle en était primitivement investie. Ainsi, lorsqu'un des héritiers du débiteur délaisse l'immeuble hypothéqué qui est tombé dans son lot, le créancier ne peut lui demander que sa part dans la dette (2).

VII. Il importe de bien distinguer le droit hypothécaire d'avec le droit de propriété : ce n'est que le droit de faire vendre la chose affectée à la dette, pour qu'il puisse se convertir en action sur le prix. Il couvre et enveloppe, si l'on peut dire, la propriété ; il pèse sur elle ; mais il la laisse intacte et ne la diminue en rien. Ainsi n'assimilons point l'hypothèque, comme on le fait quelquefois, à la servitude qui est un démembrement de la propriété. Il y a encore une différence essentielle à établir entre ces deux droits réels. Supposons un créancier hypothécaire qui décède, laissant deux héritiers, l'un majeur, l'autre mineur ; les principes sur l'indivisibilité nous conduiront à reconnaître que l'action de l'héritier majeur peut se prescrire, tandis que celle du mineur ne le peut. S'il s'agissait, au contraire, d'un droit de servitude, la prescription ne courrait point, en ce cas, contre l'héritier majeur (3).

L'hypothèque ne déplace ni la propriété, ni la possession, quoiqu'elle puisse entraîner, par ses effets, ce résultat. Elle ne subit aucune altération par la mutation de la propriété, qui la laisse entière et lui donne même, en quelque sorte, plus de force et de puissance.

VIII. L'hypothèque s'appelle ou légale, ou judiciaire, ou conventionnelle, selon qu'elle naît de la loi seule, ou d'un jugement, ou d'une convention ; mais toute hypothèque est légale, en ce sens qu'elle a sa source première dans le droit civil, sans lequel elle ne serait rien.

Ainsi, dans notre législation, l'hypothèque conventionnelle et judiciaire, et même quelquefois l'hypothèque légale, n'existe vraiment que par l'inscription (4) ; ce que

(1) Art. 2114, 2083.
(2) Art. 873, 1009, 1012, 1221.

(3) Art. 710.
(4) Art. 2115, 2117, 2128, 2135.

la loi de brumaire an VII (Art. 3) , exprimait par ces mots : « L'hypothèque existe , mais à la charge de l'inscription » ; et ce qui est une conséquence nécessaire de l'art. 2166 du Code civil et de l'art. 520 du Code de commerce.

IX. L'hypothèque n'est que l'accessoire d'une obligation principale ; elle est soumise , par conséquent , aux principes généraux des obligations.

Ainsi elle peut avoir lieu pour une obligation conditionnelle , pourvu que la condition ne soit pas purement potestative de la part du débiteur (1). Nous pensons donc , avec la Cour de Cassation (2) , qu'une hypothèque peut être valablement constituée pour sureté de sommes à payer en vertu d'un crédit ouvert par un banquier, puisque cela a suffi pour former un contrat synallagmatique.

X. Les effets de l'hypothèque sont : le droit d'être préféré aux créanciers cédulaires, et même hypothécaires à un rang inférieur ; le droit de suivre et de faire vendre l'immeuble affecté, droit qui donne aussi la garantie, que l'hypothèque inscrite ne pourra être purgée, sans que le créancier ait été averti par le nouveau propriétaire ; le droit de surenchérir, qui tient à l'essence de l'hypothèque.

XI. L'hypothèque ne peut s'asseoir que sur les biens immobiliers susceptibles de propriété privée, et sur leurs accessoires réputés immeubles ; en d'autres termes, sur les biens immeubles par leur nature ou par destination..

Néanmoins, elle peut aussi affecter l'usufruit de ces mêmes biens pendant sa durée (3) ; non pas que le créancier ait un droit exclusif sur les fruits de l'immeuble, mais en ce sens qu'il peut faire vendre le droit d'usufruit. En supposant une nue-propriété grevée d'hypothèque, l'usufruit qui viendrait s'y réunir, en serait lui-même frappé ; mais il faudrait décider autrement, si la nue-propriété se réunissait à un usufruit hypothéqué. Remarquons aussi, dans ce dernier cas, que l'hypothèque s'atténue et s'évanouit, à mesure que l'usufruit approche de son terme.

La loi n'ayant posé d'exceptions au principe général, que pour l'usufruit et les actions dé la Banque de France (4) et de quelques canaux, nous ne saurions admettre qu'une servitude, une action immobilière, des droits successifs, encore moins une hypothèque (5), puissent être hypothéqués. On peut, il est vrai, donner en gage une créance mobilière et assurer ainsi un privilège (6) ; mais il faudrait une subrogation expresse pour transférer le droit d'être payé par ordre et au rang du propriétaire d'une créance hypothécaire.

Les meubles n'ont pas de suite par gage ni par hypothèque (7) ; mais ils l'ont

(1) Art. 2132, 1174.
(2) Arr. du 26 janvier 1814.
(3) Art. 2118.
(4 Décr. du 16 janvier 1808.

(5) Art. 778, C. pr. c.
(6) Art. 2075.
(7, Art. 2076, 2119.

quelquefois, pour ainsi dire, par privilège, ou par une juste faveur attribuée au droit de propriété (1).

§. III.

XII. Il existe d'importantes distinctions entre le privilège et l'hypothèque : celle-ci n'est pas précisément, comme le privilège, une immédiate émanation de l'obligation principale ; elle naît en même temps que cette obligation, ou même postérieurement ; elle co-existe avec elle simultanément. Le privilège s'exerce sans aucune considération du temps où il a pris naissance ; l'hypothèque dépend de l'antériorité du titre ou de l'inscription. Le privilège peut affecter les meubles et les immeubles ; l'hypothèque ne grève que les immeubles.

XIII. Lorsque les formalités et les conditions prescrites pour la conservation d'un privilège sur immeuble n'ont pas été accomplies, la créance privilégiée devient hypothécaire. Il peut donc y avoir une sorte d'hypothèque légale résultant d'un acte privé, dans le cas, par exemple, où un co-héritier n'a fait inscrire son privilége que plus de soixante jours après l'acte de partage (2).

C. II. — *Des priviléges.*

Il y a trois classes de privilèges : les uns s'étendent sur les meubles et les immeubles ; les autres ne frappent que sur les meubles ; les troisièmes n'affectent que les immeubles.

§. I.

XIV. Les créances privilégiées à-la-fois sur les meubles et sur les immeubles, forment cinq cathégories indiquées par l'art. 2101 : mais elles ne peuvent s'exercer sur le prix des immeubles, qu'à défaut de mobilier (3).

Elles sont dispensées de la formalité de l'inscription (4), si ce n'est peut-être depuis le Code de procédure civile (art. 834), à l'égard de l'acquéreur de l'immeuble grevé, qui voudrait le purger.

Ces privilèges, à l'exception de ceux de la première classe, sont fondés sur l'humanité, sur l'ordre public, sur l'intérêt de la vie des citoyens. D'après l'interpré-

(1) Art. 2102, §. 1, 4. — Art. 193 C. com., (3) Art. 2100, 2104, 2105.
2279. (4) Art. 2107.

(2) Art. 2113, 2109.

tation généralement donnée à l'expression : « frais de dernière maladie », la loi trai-
terait avec plus de faveur le médecin qui tue son malade, que celui qui le sauve.

Les frais de justice, qui forment la première classe, sont ceux de scellés, d'inventaire, et de vente, avec quelques distinctions (1); en un mot, ceux qui ont
été faits dans l'intérêt commun des créanciers, qui ont servi à leur conserver la
chose, et à l'exercice de leurs droits. Ainsi, ceux qui n'ont porté que sur un meuble ou sur un immeuble, ne doivent être privilégiés que sur ce bien; ainsi les frais
de poursuite en contribution ne peuvent pas primer le privilège du locateur (2).

§. II.

XV. De tous les privilèges sur certains meubles, le plus important est celui qui
a lieu pour les loyers et fermages des immeubles, pour les réparations locatives, et
tout ce qui concerne l'exécution du bail. Il s'exerce sur les fruits de la récolte *de
l'année*, même encore pendante par racines (3), et sur le prix de tout ce qui *garnit*
la maison louée ou la ferme, et de tout ce qui sert à l'exploitation du bien rural (4).
Il est fondé sur ce que le locateur a dû compter sur ces choses, pour son paiement.

Ce privilège est accordé pour tout ce qui est échu et pour tout ce qui est à échoir,
ou bien seulement pour une année, à partir de l'expiration de l'année courante,
suivant que le bail a une date certaine, ou qu'il n'en a point. L'étendue du privilège,
dans ce cas, est vivement controversée; il semblerait juste d'admettre, avec la cour
suprême (5), qu'il a lieu pour ce qui est échu, l'année courante et l'année qui suit.
On peut prendre pour point de départ de l'année courante, l'époque anniversaire du
bail, ou le jour de l'entrée en possession, à moins d'usage contraire. Si le bail était
purement verbal, le propriétaire aurait encore la saisie-gagerie (6).

Lorsque le bail a une date certaine, les autres créanciers ont le droit de relouer,
à leur profit, la maison ou la ferme, à la charge toutefois de payer au propriétaire
tout ce qui lui serait encore dû. Nous penserions qu'ils auraient encore ce droit,
malgré l'article 1717, si la faculté de sous-louer était interdite par le bail.

Le privilège du locateur s'exerce aussi sur le mobilier des sous-locataires, mais
seulement à raison de ce qu'ils doivent au locataire principal, qui serait primé par
le propriétaire sur le prix de la location (7).

L'intérêt de l'agriculture et du droit sacré de la propriété, a fait admettre quel-

(1) Art. 715, 716 C. pr. c.—191, §. 1, C. com.
(2) Art. 662 C. pr. c.
(3) *V.* C. pr. c. première part., L. V, T. 9.
(4) Art. 2102, §. 1 ; art. 1813.
(5) 28 juillet 1823.
(6) Art. 819 , 820 C. pr. c.
(7) Art. 1753. — Art. 820 C. pr. c.

ques exceptions au privilège du locateur; mais il a lui-même le droit exceptionnel de suivre et de saisir les meubles qui garnissaient sa maison et sa ferme, lorsqu'ils ont été déplacés sans son consentement; pourvu qu'il les ait répétés dans un délai déterminé (1).

XVI. La loi donne un droit de préférence au créancier gagiste, qui ne se l'assure et ne le conserve que sous certaines conditions (2); nous croyons, néanmoins, qu'il devrait avoir le droit de suite, dans le cas où il n'aurait été dessaisi que par la perte ou le vol de l'objet.

XVII. L'aubergiste et le voiturier ont un gage tacite et privilège sur les effets du voyageur ou sur la chose voiturée.

C'est aussi à titre de gage tacite, que le Trésor a un privilège sur le fonds du cautionnement des fonctionnaires publics (3). Le bailleur de fonds pour le cautionnement, est lui-même privilégié (4). S'il y a concours entre le Trésor et des tiers, pour les dommages-intérêts résultant d'abus ou de prévarications commis par un fonctionnaire public, les tiers doivent être préférés (5). D'après une loi spéciale, le Trésor a un privilège sur tous les biens meubles des comptables, mais seulement après les créanciers des art. 2101 et 2102, ainsi que sur les immeubles acquis par eux ou par leurs femmes, à titre onéreux, depuis leur nomination (6). Une autre loi lui donne aussi un privilège pour le recouvrement des contributions directes, tant foncière que personnelle, qui s'exerce avant tout autre (7), hors néanmoins celui des frais de justice.

XVIII. Les frais faits pour la conservation de la chose sont une créance privilégiée : ceux faits pour l'amélioration d'un meuble ne donneraient que le droit de rétention (8).

XIX. Le vendeur d'effets mobiliers non payés, est privilégié sur leur prix, s'ils sont encore en la possession du débiteur. Il a même le droit, lorsque la vente a été faite sans terme, de revendiquer ces effets, pourvu qu'ils soient encore en la possession de l'acheteur, qu'ils se trouvent dans le même état dans lequel ils ont été livrés, et que la revendication soit faite dans le délai de huitaine, à partir de la livraison. Il y a des exceptions en matière de commerce (9). Mais il importe de remarquer que le droit de privilège sur le prix et le droit de revendication étant

(1) Art, 2102, §. 1, 4.

(2) Art. 2074, 2075, 2076.

(3) Art. 2102, §. 5, 6, 7.

(4) L. du 25 niv. an XIII. — Décr. du 12 décembre 1806.

(5) Art. 2203. — Cass. 7 mai 1816.

(6) L. du 5 septembre 1807, art. 2, 4.

(7) L. du 12 novembre 1808.

(8) Art. 2102, §. 3. — Art. 1948.

(9) Art. 2102, §. 4. — Art. 608 C. pr. c. — Art 576, 580 C comm.

distincts, le délai de huitaine ne limite pas l'exercice du premier, et que le vendeur, dans tous les cas, peut faire résoudre la vente. L'article 1654 est général.

XX. D'après le Code de commerce, les navires sont affectés à diverses créances privilégiées, entre autres à celles du vendeur, des prêteurs à la grosse, etc. (1).

§. III.

XXI. Des principes que nous avons déjà posés, il résulte qu'entre les créanciers privilégiés, la préférence ne se règle que d'après le plus ou moins de faveur de la créance; mais les privilèges sur immeubles doivent, en général, pour produire seulement leur effet, être rendus publics par une inscription. Quand cette formalité n'a pas été remplie dans le délai fixé, la créance privilégiée dégénère en une hypothèque qui ne date, envers les tiers, que du jour où l'inscription aura été faite (2).

Les créanciers privilégiés sur les immeubles, sont :

1° XXII. Le vendeur, sur l'immeuble vendu, pour le paiement du prix; et celui qui a fourni les deniers pour l'acquisition, pourvu qu'il ait rempli les formalités prescrites par la loi (3).

L'échangiste doit être assimilé au vendeur pour la soulte qui lui est due; mais cette assimilation serait fausse à l'égard de l'acquéreur à réméré, qui viendrait à être dépouillé de la propriété, par suite du pacte de rachat.

Le privilège du vendeur s'étend-il aux intérêts du prix ? On s'accorde généralement à ne décider l'affirmative qu'avec la restriction posée par l'article 2151, pour les hypothèques; la nature et le caractère du privilège nous engageraient à adopter l'opinion de la cour suprême (4), d'après laquelle le privilège doit s'appliquer à tous les intérêts, sans exception, mais conformément à l'article 1652.

Le vendeur conserve son privilège par la transcription du titre, même sous seing-privé (5), qui a transféré la propriété à l'acquéreur; cette transcription vaut inscription pour le vendeur et pour le prêteur de deniers, s'il a été subrogé à ses droits(6). Il résulte des termes de la loi, que ce privilège pourrait se conserver par une simple inscription.

Aucun délai fatal n'est indiqué pour la conservation de ce privilège par la transcription; mais lorsque l'inscription d'office a été faite par le conservateur des hypothèques, le vendeur et le prêteur sont tenus de la renouveler avant l'expiration

---

(1) Art. 190, 191, 320 C. com.

(2) Art. 2106, 2113.

(3) Art. 2103, §. 1, 2; art. 1250.

(4) 5 mars 1816.

(5) Av. du Cons. d'Et., 12 floréal an XIII.

(6) Art. 2108.

6.

de dix années, pour n'être point déchus de l'exercice de leur privilège (1). Plusieurs arrêts ont aussi décidé que l'article 2146, qui refuse tout effet aux inscriptions prises dans les dix jours avant la faillite, doit s'appliquer au privilège du vendeur (2). Nous penserions différemment dans le cas où la vente aurait eu lieu de bonne foi pendant ce délai (3).

Si l'acte de vente renfermait une délégation du prix à un des créanciers du vendeur, elle ne lui profiterait que conformément à l'article 1121.

2° XXIII. Les architectes, entrepreneurs et ouvriers, qui ont été employés pour construire ou réparer des bâtimens, ou autres ouvrages quelconques; ainsi que ceux qui ont prêté les deniers pour le paiement des ouvriers. Mais ce privilège ne porte que sur la plus-value de l'immeuble, existante à l'époque de son aliénation et résultant des travaux qui y ont été faits. Il se conserve par une double inscription de procès-verbaux, conformément à la loi (4).

Une loi spéciale accorde aussi un privilège à ceux qui ont prêté des fonds, par acte authentique, pour la recherche des mines (5).

3° XXIV. les cohéritiers, sur tous les immeubles de la succession, parce qu'ils ont un droit indivis, pour la garantie des partages faits entre eux, des soulte ou retour de lots, ou du prix de la licitation. Ils doivent prendre une inscription dans un délai fixé, pour conserver leur privilège (6).

XXV. La loi nous semble appeler improprement privilège, le droit des créanciers et légataires qui demandent la séparation du patrimoine du défunt, d'avec le patrimoine de l'héritier. Ce n'est qu'une sorte de prérogative attribuée à une masse de créanciers sur une autre masse, ou plutôt un moyen de conserver des droits préexistans tels qu'ils étaient, de laisser à leur place chaque créancier du défunt, d'une part, et de l'autre, chaque créancier de l'héritier; d'empêcher que ceux-ci n'envahissent et n'affectent à leurs créances des biens sur lesquels ils n'ont vraiment que des droits conditionnels, subordonnés à ceux des créanciers du défunt. A leur égard, les créanciers et légataires de la succession doivent, pour assurer leur droit, s'inscrire sur chacun des biens de l'hérédité, dans le délai de six mois, à compter de l'ouverture (7); mais ceux qui auront pris inscription ne seront pas privilégiés pour cela, nonobstant quelques arrêts, à l'égard de leurs co-créanciers ou co-légataires non inscrits. Nous pensons, au reste, que tous sont devenus, par le décès du débiteur, créanciers hypothécaires de la succession (8).

---

(1) Art. 2154. — Av. du Cons. d'Et., 22 janvier 1808. — Rouen, 30 mai 1825.

(2) Cass., 16 juillet 1818; 12 juillet 1824. — Toul., 2 mars 1826.

(3) Art. 443 C. com.

(4) Art. 2103, §. 4, 5; art. 2110.

(5) L. du 11 avril 1810, art. 20.

(6) Art. 2103, 2109.

(7) Art. 2111, qui modifie 880.

(8) Art. 873.

XXVI. Les cessionnaires, par acte authentique, de ces diverses créances, exercent tous les mêmes droits que les cédans, en leur lieu et place (1). Ainsi leurs titres sont égaux, quoique les cessions aient eu lieu à diverses époques (2). Si le créancier privilégié avait cédé la $\frac{1}{2}$ de sa créance, nous ne pensons pas, quoique l'opinion contraire soit fortement soutenue, qu'on pût appliquer ici l'article 1252 ; car la subrogation diffère essentiellement de la cession (3) qui est une vente et investit l'acquéreur de tous les droits dont elle dépouille le vendeur.

§. IV.

XXVII. Il nous reste à déterminer dans quel ordre doivent s'exercer entre elles les créances privilégiées ; question que la loi n'a pas assez clairement résolue, et qui a fait naître différens systèmes. Le plus remarquable de tous est celui qui a paru dans la Thémis (4), et qui a été récemment adopté dans une thèse pour le professorat, que recommande assez le nom de son auteur (5).

D'après ce système, la loi n'aurait pas formellement décidé que toutes les créances privilégiées de l'article 2101 dûssent nécessairement primer, dans l'ordre de leur énonciation, tous les privilèges sur certains meubles ; et les art. 661, 662, du C. de Procédure Civ., prouveraient même le contraire. En conséquence, et en s'attachant aux principes légaux de la faveur de la créance et de la bonne foi de la possession, on a placé les privilèges sur les meubles, dans l'ordre suivant :

1° Les frais de justice nécessaires à la conservation ou à l'exercice du droit de tous, et les frais faits pour la conservation de la chose, s'ils ont été faits postérieurement à l'établissement du privilège des divers créanciers gagistes ; ou si ces créanciers ont eu, au moment de l'établissement de leur privilège, connaissance des frais antérieurement faits.

2° Le locateur, le gagiste, le voiturier, l'aubergiste, les créanciers d'un fonctionnaire public, pour faits de charge ; sauf quelques exceptions déterminées par la loi.

3° Les autres frais de justice et de conservation de la chose.

4° Le privilège du vendeur.

5° Les privilèges énumérés aux numéros 2, 3, 4 et 5 de l'article 2101, dans leur ordre.

Ce système est le résultat d'une profonde interprétation de la loi : il ne nous appartient pas de le juger ; mais nous ne saurions l'admettre sur un point essentiel.

---

(1) Art. 2112, 2152, 1690.
(2) Cass. 4 août 1817.
(3) Art. 1250, 1252, 1692.

(4) T. VI, p. 130 et 248.
(5) *Analyse du titre des Privilèges et des hypothèques,* etc., par M. Poncelet. 1826.

Nous ne croyons pas que, d'après l'intention du législateur, l'article 2101 puisse être scindé, pour rejeter au dernier rang la plupart des privilèges qui y sont énoncés.

Comme il ne faut rien négliger de ce qui peut jeter du jour sur cette question, il importe de remarquer que le Tribunat avait proposé d'ajouter cet article : « Les privilèges généraux (ceux de 2101) n'ont la préférence sur des meubles affectés à des privilèges particuliers, que lorsque les autres meubles sont insuffisans pour les acquitter. » Cet article, qui établissait précisément ce qu'on voudrait voir dans la loi, ne fut point adopté; et le rapporteur du Tribunat disait lui-même au Corps Législatif : « L'ordre de préférence est ordinairement le même que celui de l'énonciation des privilèges; quand il est interverti, on a eu soin de l'exprimer ». En effet, l'article 2102 signale clairement les exceptions apportées aux privilèges du locateur et du vendeur.

Interrogeons la loi : elle déclare que les privilèges énoncés en l'article 2101 frappent sur la généralité des meubles et des immeubles, qu'ils sont même préférables aux créances privilégiées sur les immeubles. « Mais il ne s'en suit pas, dit-on, qu'ils soient aussi préférables aux créances privilégiées sur certains meubles; la valeur des immeubles étant ordinairement beaucoup plus considérable que celle des meubles, et leur prix pouvant satisfaire aux droits d'un plus grand nombre de créanciers, on conçoit que la loi a pu l'affecter, avant tout, aux privilèges de l'article 2101, sans leur accorder une faveur aussi exhorbitante sur certains meubles grevés de privilèges particuliers ». Oui, sans doute, la loi aurait pu le faire; mais elle est loin d'avoir révélé cette intention, et il y aurait même eu, à nos yeux, une sorte de contradiction à décider ainsi. Il est incontestable que le vendeur d'un immeuble, qui puise son privilège dans le droit sacré de la propriété, que l'architecte et les ouvriers qui ont reconstruit une maison tombant en ruines, sans lesquels elle n'existerait point, sont primés par tous les privilégiés de l'art. 2101; et l'on voudrait que le vendeur d'effets mobiliers, ou celui qui a fait des frais pour leur conservation, fussent plus favorisés! N'est-ce pas oublier les causes prédominantes sur lesquelles repose la faveur attachée aux créances de l'art. 2101? On avoue qu'elle a pour fondement d'impérieux motifs d'humanité, de justice et d'ordre public, qui ont toujours prévalu sur les intérêts privés; et lorsque tous les privilèges sur immeubles fléchissent devant ces considérations sacrées, on les ferait fléchir elles-mêmes, au contraire, devant l'intérêt de quelques privilégiés sur certains meubles, qui ont pu assurer leurs créances autrement, obtenir aussitôt un paiement du débiteur, ou retenir la possession des objets vendus ou conservés. *Impensa funeris*, disait la loi romaine, *omne creditum præcedere solet;* elle décidait formellement que le privilège du locateur devait fléchir devant celui des frais funéraires (1); et la loi

(1) L. XLV, L. XXVI, L. XIV, §. 1, D. *de Relig.*

française, qui l'a prise souvent pour guide en cette matière, aurait rejeté presque au dernier rang le privilège des frais funéraires! Ainsi, lorsqu'un voyageur décède dans une auberge (et cela arrive assez souvent), le privilège de l'aubergiste pourrait empêcher qu'il fût honorablement enseveli, ou primerait les frais de sépulture; et cela, en vertu d'une loi qui réserve toute sa faveur aux choses d'ordre public, et qui a placé presque au même rang les frais de justice et les frais funéraires (1) !

Il nous paraît donc juste d'assigner le premier rang, dans tous les cas, aux privilèges généraux de l'article 2101, conformément à l'ordre de leur énumération. Quant aux privilèges sur certains meubles, il faut observer que plusieurs ne peuvent guère concourir entre eux; que l'exception expresse apportée par la loi au privilège du locateur, en faveur des sommes dues pour semences ou ustensiles, exception déterminée par l'intérêt général de l'agriculture, et qui n'a lieu que pour les biens ruraux, prouve précisément que ce privilège doit avoir la préférence sur tous les autres frais de conservation. Il est indépendant, aux yeux de la loi, de la question de propriété des objets (pourvu que le locateur soit de bonne-foi), et de ce qui a pu être fait pour les conserver à leur propriétaire : *garnissent-ils*, ou non, la maison ou la ferme? voilà toute la question. Il est facile de se laisser entraîner par la faveur si naturellement attachée aux frais de conservation; mais on ne peut méconnaître que le droit de propriété, le plus sacré de tous, est sacrifié par le Code aux droits du locateur, à la possession de bonne-foi (2): le vendeur n'a pas entièrement aliéné son droit de propriété, tant qu'il reste créancier du prix; et cependant il n'exerce son privilège, que si les effets vendus sont encore en la possession du débiteur. Peut-on s'étonner alors que le privilège de celui qui a conservé la chose, fléchisse devant la faveur légale qu'obtient la possession de bonne-foi, et qu'il devienne impuissant aussi, lorsque le débiteur s'est dessaisi de la chose, l'a donnée en gage ? Ces créanciers n'ont-ils pas à s'imputer de ne pas avoir exigé le paiement plutôt, d'avoir livré la chose avant d'être soldés? Ainsi la loi elle-même, bien entendue, nous dit assez que le privilège du locateur, celui du créancier

(1) Il serait facile d'établir un semblable parallèle en faveur des autres privilèges de l'article 2101. Sans doute, l'ouvrier qui a réparé les meubles du débiteur, qui a conservé sa chose, mérite beaucoup d'intérêt; mais le boulanger qui a conservé la vie de ce débiteur, et même le médecin qui l'a, sinon sauvée, du moins prolongée, nous semblent en mériter plus encore. Quant à l'objection tirée des articles 661 et 662 du C. de pr. c., on peut répondre que le premier de ces articles reconnaît seulement et confirme le privilège du locateur; et que le second, qui en est une juste conséquence, déclare que ce privilège du locateur prime les frais de poursuite en contribution, ce qui devait être, puisque ces frais lui sont étrangers et inutiles. Aucun de ces articles ne repousse les autres privilèges de l'art. 2101.

(2) Art. 2279.

gagiste, doivent être préférés aux frais de conservation de la chose, et ceux-ci au privilège du vendeur : elle n'a pu , elle ne devait pas tout prévoir, ni présenter l'analyse minutieuse des hypothèses rares et exceptionnelles qui peuvent se rencontrer; elle a pourvu aux cas les plus fréquens; elle a énuméré les privilèges dans l'ordre où ils doivent ordinairement être échelonnés, et si on peut lui reprocher de n'avoir pas assez formellement déclaré toutes ses intentions, l'esprit qui l'a guidée permet de résoudre les questions exceptionnelles que le hasard peut faire naître de loin en loin.

Il ne reste qu'un mot à dire sur les privilèges qui grèvent spécialement les immeubles, et dont l'ordre ne présente pas de difficultés. Subrogés aux droits du vendeur ou de l'architecte, de l'ouvrier, etc., les prêteurs de deniers se confondent avec eux; le cohéritier est lui-même un vendeur, quant à la soulte : ainsi l'on n'a guère de préférence à établir qu'entre le vendeur et ceux qui ont construit ou conservé l'immeuble. Or, le privilège de ces derniers ne s'exerce que sur la plus-value; la valeur primitive de l'immeuble est donc affectée au vendeur et au cohéritier. Celui-ci serait primé par le vendeur, comme en cas de plusieurs aliénations successives, si la vente avait précédé le partage; et il ne pourrait exercer son privilège au préjudice des créanciers de la succession, qui auraient demandé la séparation des patrimoines : ces créanciers, entre eux, conservent les droits plus ou moins étendus qu'ils avaient avant la mort de leur débiteur.

C. III. — *De l'hypothèque conventionnelle.*

§. 1.

XXVIII. L'hypothèque conventionnelle est celle qui se constitue par une convention que consacre la loi. Elle dépend de la forme extérieure des actes, et n'a de rang, n'est vivifiée que par l'inscription (1).

L'acte constitutif de la créance peut être sous seing-privé; mais l'hypothèque ne peut être consentie que par acte passé en forme authentique, devant deux notaires, ou devant un notaire et deux témoins (2). Ainsi les contrats de mariage, pour constituer hypothèque, doivent être faits conformément à cette disposition, et nous ne saurions approuver quelques arrêts d'après lesquels une constitution d'hypothèque, dans un acte sous seing-privé, deviendrait valable par le seul dépôt de cet acte chez un notaire (3).

(1) Art. 2117, 2134, 2135.
(2) Art. 2127.

(3) *V.* Cass., 16 mai 1809. — 11 juillet 1815.

XXIX. Le pouvoir d'hypothéquer dérive de celui d'aliéner, et l'hypothèque conduit ensuite à l'aliénation. Il faut donc être, en général, capable d'aliéner un immeuble, pour l'hypothéquer valablement (1).

Ainsi, le mineur émancipé, la femme mariée, le tuteur, les envoyés en possession provisoire des biens d'un absent, ne peuvent hypothéquer que pour les causes et dans les formes établies par la loi (2); ainsi, nous regarderions comme nulle, à l'égard de l'héritier légitime, l'hypothèque consentie par un héritier apparent ; ainsi ceux qui n'ont sur l'immeuble qu'un droit suspendu par une condition, ou résoluble dans certains cas, ou sujet à rescision, ne peuvent consentir qu'une hypothèque soumise aux mêmes conditions ou à la même rescision (3).

Il ne faudrait pas, toutefois, conclure de ces principes, que l'hypothèque de la chose d'autrui fût toujours nulle, du moins entre le créancier et le débiteur.

XXX. Pour que l'hypothèque conventionnelle soit valable, il faut que la somme qu'elle garantit soit certaine et déterminée par l'acte ; ou, si la créance est indéterminée dans sa valeur, que le créancier déclare, en s'inscrivant, une valeur estimative (4). Il faut aussi, pour cette validité, que l'acte constitutif de l'hypothèque, ou un acte authentique postérieur, spécialise l'immeuble actuellement appartenant au débiteur, et qu'il affecte à l'hypothèque; ce qui lui laisse le droit d'y soumettre nominativement chacun de tous ses biens présens.

Il suit de là que les biens à venir ne peuvent pas être hypothéqués. Mais la loi déroge à ce principe essentiel, en permettant au débiteur dont les biens présens et libres sont insuffisans pour la sûreté de la créance, d'y affecter, pourvu qu'il exprime cette insuffisance, les biens qu'il acquerra par la suite, à mesure des acquisitions (5). N'outrons point cette funeste exception, en supposant qu'elle donne au débiteur le droit de constituer une hypothèque sur biens à venir, quand même il n'aurait aucuns biens présens : l'insuffisance n'est point le néant. Décidons aussi, dans l'intérêt de la publicité, que l'hypothèque consentie sur des biens à venir devra être inscrite, lors de chaque acquisition, et n'aura rang que du jour de l'inscription.

Si l'immeuble ou les immeubles hypothéqués venaient à périr ou à être dégradés, au point de ne plus offrir une garantie suffisante au créancier, celui-ci pourrait aussitôt poursuivre son remboursement : sauf au débiteur à donner, s'il le préfère, un supplément d'hypothèque ; et pourvu que les sûretés n'aient pas été diminuées

---

(1) Art. 2124. — *V.* exc., art. 1507, 1508. —
C. com., art. 6, 7, 444.

(2) Art. 2126, 484, 217, 457, 458, 128.

(3) Art. 2125.

(4) Art. 2132.

(5) Art. 2129, 2130.

7

par son fait (1), restriction qui nous semble applicable au cas de l'aliénation par-
tielle de l'immeuble hypothéqué.

§. II.

XXXI. Toute hypothèque conventionnelle ou judiciaire, et l'hypothèque légale
de l'État, des communes et des établissemens publics sur les biens des receveurs
et administrateurs comptables, doit, pour être vivifiée, être inscrite sur les registres
du conservateur, et n'a rang que du jour de cette inscription, qui doit se faire au
bureau dans l'arrondissement duquel sont situés les biens hypothéqués. Tous les
créanciers inscrits le même jour exercent en concurrence une hypothèque de la
même date, sans distinction (2).

XXXII. L'inscription est la cause directe, efficiente, du droit de préférence ;
aussi, le créancier hypothécaire non inscrit est-il rejeté au nombre des créanciers
chirographaires.

Il en est de même de celui qui n'aurait pris inscription que dans les dix jours
avant l'ouverture de la faillite du débiteur, quand même son titre aurait été constitué antérieurement à cette époque. Il semblerait juste, cependant, de donner un
effet utile à cette inscription, à l'égard des tiers-acquéreurs du failli. Ceux-ci ne sont
pas admissibles à objecter au créancier inscrit, que le failli a pu agir en fraude des
droits de ses autres créanciers.

La disposition rigoureuse de la loi ne doit point s'étendre au cas de déconfi-
ture (3). Les créanciers pourraient s'inscrire jusqu'à la saisie des biens, peut-être
même jusqu'à l'adjudication ; ils pourraient, entre eux, invoquer les articles
1167, 1353.

Mais la loi refuse tout effet à l'inscription que le créancier d'une succession
acceptée sous bénéfice d'inventaire, n'aurait prise que depuis l'ouverture, parce que
les successions ainsi acceptées sont assimilées à la faillite. Il nous semble qu'il faut
décider de même dans l'hypothèse d'une succession vacante ou échue à un mineur,
et de la cession faite par le débiteur, puisque ses créanciers ont dès-lors un droit
acquis et invariable.

XXXIII. Pour opérer l'inscription, le créancier représente au conservateur, soit
par lui-même, soit par un tiers, le titre constitutif, ou bien une expédition authentique du jugement ou de l'acte qui a donné naissance, soit au privilège, soit à

(1) Art. 2131, 1188.
(2) Art. 2134, 2135, 2146,

(3) Cass., 2 septembre 1812.

l'hypothèque (1). Si la créance avait été cédée, il ne suffirait pas de présenter l'acte de cession; il faudrait présenter aussi le titre originaire (2). On doit y joindre deux bordereaux, qui contiennent une suite de désignations, plus ou moins importantes, imposées par la loi.

Ces formalités sont-elles prescrites sous peine de nullité? Plusieurs cours, après la promulgation du Code, avaient décidé qu'elles sont toutes sacramentelles et irritantes. Depuis, on a consacré un système moins rigoureux, basé sur la loi même, qui ne prononce point ici de nullités. On est parti du principe : que les formalités de l'inscription sont indifférentes au débiteur, qui est tenu de payer toutes ses dettes ; qu'elles ne sont établies que dans l'intérêt des tiers, c'est-à-dire des prêteurs et des acquéreurs, intérêt qui doit seul être consulté pour annuler une inscription inexacte ou incomplète; et que l'article 1383 doit frapper le créancier qui aurait causé un préjudice réel à des tiers par l'inexactitude de l'inscription (3). En conséquence, on a distingué des formalités substantielles et d'autres accidentelles, que nous ne pouvons analyser ici. Tout dépend, à nos yeux, de cette question : L'intérêt des tiers a-t-il été compromis, et l'a-t-il été assez gravement pour que l'inscription fautive doive être annulée? Nous ferons seulement remarquer que, d'après un document particulier, qui est entre nos mains, et qui accompagnait la loi du 4 septembre 1807, sur les moyens de suppléer à l'omission de l'époque de l'exigibilité de la créance, il paraîtrait, contrairement à l'opinion généralement admise, que, dans la pensée du législateur, la mention de l'époque de l'exigibilité, est vraiment constitutive de l'inscription. Il convient, toutefois, de se rappeler qu'alors prévalait le système de rigueur, qui depuis a été modifié.

XXXIV. Dans l'intérêt des tiers, la loi ne permet au créancier inscrit pour un capital produisant intérêts ou arrérages, d'être colloqué, de plein droit, que pour deux années (peu importe lesquelles), et pour l'année où s'ouvre l'ordre, au même rang d'hypothèque, que pour son capital (4) : il ne pourrait prendre inscription à-la-fois pour le capital et pour plus de deux années d'intérêts, car l'hypothèque serait prépostère. Si l'ordre durait plusieurs années, les intérêts seraient conservés de plein droit (5).

XXXV. Les inscriptions conservent le rang de l'hypothèque et du privilège pendant dix années; leur effet cesse, de plein droit, si ces inscriptions n'ont été renouvelées avant l'expiration de ce délai, et en se conformant à l'article 2148. Il

(1) Art. 2148.
(2) Cass., 7 octobre 1812; 11 août 1819.
(3) L'art. 68 du C. d'instr. crim. pourra't aussi lui être appliqué.

(4) Art. 2151.
(5) Art. 1153 C. civ. — Art. 757, 767, 770 C. pr. c. — Cass., 22 novembre 1809.

7.

ne faut pas confondre cette péremption de l'inscription avec la prescription de l'hypothèque. La faillite du débiteur ne dispenserait pas de ce renouvellement, puisqu'il peut être relevé de la faillite par un concordat, ou autrement (1).

Les inscriptions peuvent donner lieu contre les créanciers à diverses actions qui se portent devant le tribunal compétent, ordinairement celui de la situation des biens, de l'arrondissement où a été prise l'inscription (2).

C. IV. — *Des hypothèques judiciaire et légale.*

§. 1.

XXXVI. L'hypothèque judiciaire résulte d'un jugement quelconque en faveur de celui qui l'a obtenu, ainsi que des condamnations et des contraintes émanées de l'autorité administrative, dans les limites de sa compétence (3).

Elle résulte aussi des reconnaissances ou vérifications, faites en jugement, des signatures apposées à un acte obligatoire sous seing-privé. Ces reconnaissances, faites devant le juge de paix, ne peuvent conférer hypothèque, parce que cet officier public n'a pas caractère pour imprimer l'authencité aux actes volontaires qu'il reçoit; mais, si les parties elles-mêmes l'avaient constitué juge, et investi du pouvoir de statuer sur des choses d'une valeur au-dessus de sa compétence, sa décision, qui serait un véritable jugement, emporterait hypothèque (4).

Les décisions arbitrales ne produisent cet effet qu'autant qu'elles sont revêtues de l'ordonnance judiciaire d'exécution.

De même que les contrats passés en pays étranger ne peuvent, en principe, donner d'hypothèque sur les biens de France, les jugemens rendus par des tribunaux étrangers doivent, pour emporter hypothèque, avoir été revisés et déclarés exécutoires par un tribunal français. L'étranger lui-même peut demander cette revision (5). La règle de droit public, que nous venons de signaler, reçoit exception, lorsqu'il y a des dispositions contraires dans les lois politiques ou dans les traités, notamment à l'égard de la Suisse et de la Sardaigne. Rappelons aussi qu'un jugement rendu par un consul, dans l'étranger, emporterait hypothèque, puisque

---

(1) Cass., 7 juin 1817.

(2) Art. 2154, 2156, 2159. — Art. 59, C. pr. c.

(3) Art. 2123. — Av. du Cons. d'Ét., du 25 therm. an XII, et du 24 mars 1812.

(4) Art. 7, 54 C. pr. c.

(5) Cass., 19 avril 1819.

l'hôtel occupé par l'ambassadeur ou le consul, est censé faire partie du territoire français.

XXXVII. L'hypothèque judiciaire se rapproche de l'hypothèque conventionnelle, en ce qu'elle n'existe que par l'inscription, et ne remonte pas au-delà de cette date : c'est en cela qu'elle diffère de l'hypothèque légale ; mais elle s'assimile à elle, en ce qu'elle affecte tous les immeubles présens et à venir du débiteur, sans qu'il soit nécessaire de répéter l'inscription, à chaque acquisition nouvelle dans le ressort du bureau où le créancier s'est inscrit (1).

L'hypothèque conventionnelle et spéciale ne s'oppose pas à ce qu'on acquière, en outre, une hypothèque judiciaire, et, par conséquent, générale (2).

L'inscription, n'étant qu'un acte conservatoire, peut se faire pendant le délai de huitaine des jugemens par défaut ou des jugemens contradictoires de première instance (3).

Lorsqu'il y a eu une reconnaissance, faite en jugement, d'une obligation sous seing-privé, le créancier ne peut s'inscrire, en vertu de ce jugement, avant l'échéance ou l'exigibilité de la créance, à moins qu'il n'y ait eu stipulation contraire (4). Ainsi un débiteur peut, par un simple billet, attribuer, sur ses biens présens et à venir, une hypothèque générale qu'il n'aurait pu donner par acte notarié.

§. II.

XXXVIII. L'hypothèque légale est celle que donne la loi, indépendamment de toute convention : on peut dire qu'elle a pour cause la qualité de la personne. Elle est générale et s'étend sur les biens à venir du débiteur.

En laissant de côté ce dernier caractère, on peut ranger au nombre des hypothèques légales, celle qui est attribuée aux légataires sur les immeubles d'une succession, sans avoir de force contre les créanciers du défunt, qui nous semblent aussi investis d'une semblable hypothèque (5). Mais il serait moins juste encore de donner le nom d'hypothèque légale à celle que le Code de commerce (6) fait résulter de la faillite constatée par un jugement, au profit de la masse entière des créanciers, et qui se réalise par l'inscription que les syndics sont tenus de prendre sur les immeubles du failli. Ce n'est qu'un acte conservatoire pour garantir des droits déjà existans, et tels qu'ils existent.

---

(1) Art. 2123, 2148, §. 5. — Cass. 3 août 1819.

(2) Cass. 4 avril 1806.

(3) Cass., 19 décembre 1820.

(4) L. du 3 sept. 1807.

(5) Art. 873, 1017.

(6) Art. 500.

XXXIX. Nous avons indiqué déjà (xxxi) une classe d'hypothèques légales, qui sont assujetties à l'inscription. Nous avons aussi rappelé que la loi du 5 septembre 1807 attribue même un privilège au Trésor, sur les biens des comptables. Observons seulement qu'il ne faut appliquer cette qualification qu'à ceux qui manient réellement les deniers de l'Etat, ou les deniers des communes et des établissemens publics.

XL. « Les hypothèques des femmes et des mineurs, disait le premier Consul au Conseil d'Etat, ont été considérées comme naissant et s'identifiant avec l'engagement qui les fait naître; c'est ce principe qu'il faut concilier avec la sûreté des acquéreurs et des prêteurs. La loi sera moins simple; mais elle sera conforme aux principes de la justice civile ».

En conséquence, on a donné une existence indépendante de toute inscription à l'hypothèque légale des mineurs et interdits, et des femmes. Toutefois, les tuteurs et les maris sont tenus, sous des peines graves, de rendre publiques les hypothèques dont leurs immeubles sont grevés. L'inscription doit être requise par eux-mêmes, sans délai, et peut l'être par d'autres personnes que désigne la loi, ainsi que par la femme et le mineur. Elle est dispensée d'une partie des formalités prescrites pour les bordereaux des hypothèques conventionnelles (1). Les tuteurs et les maris doivent aussi renouveler les inscriptions légales, sous les peines portées par l'art. 2136; mais, s'ils n'ont pas satisfait à la loi, l'hypothèque sera conservée : elle ne s'éteindra ni par la majorité, ni par la dissolution du mariage, et restera toujours affranchie de l'inscription (2).

XLI. L'hypothèque des mineurs et interdits frappe sur les immeubles de leur tuteur; expression qui s'applique au pro-tuteur, au co-tuteur, au tuteur officieux (3), mais qui ne doit pas s'étendre au subrogé-tuteur, au curateur, au tuteur à la substitution, ni même au père administrateur des biens de ses enfans, pendant le mariage (4). L'hypothèque existe du jour de l'acceptation de la tutelle (5). Nous penserions qu'elle doit dater, en cas de tutelle légale, du jour où le mineur est tombé en tutelle.

Si le tuteur se marie et acquiert ensuite des biens, il nous semble qu'il doit y avoir concours entre l'hypothèque générale du mineur et celle de la femme, pour laquelle la loi prend inscription, au moment même de chaque acquisition.

XLII. La femme a une hypothèque légale sur les immeubles de son mari, à raison

(1) Art. 2135, 2136, 2137, 2138, 2139, 2153.

(2) Av. du Cons. d'Ét. du 1er juin 1807, du 22 janvier 1808 et du 8 mai 1812.

(3) Art. 417, 395, 396, 364, 365, 370.

(4) Art. 420, 482, 1073, 389, 390, 2194. — Cass. 23 décembre 1821.

(5) Art. 2135, §. 1.

de tous ses droits et de ses créances contre lui, même antérieures au mariage. L'hypothèque date, pour la dot et les conventions matrimoniales, du jour de la célébration du mariage; pour les sommes dotales qui proviennent de successions échues ou de donations faites pendant le mariage, à compter de l'ouverture des donations ; pour l'indemnité des dettes contractées par la femme avec le mari, et pour le remploi de ses propres aliénés, à compter du jour de l'obligation ou de la vente (1).

Nous connaissons peu d'opinions mieux soutenues que celle qui refuse à la femme renonçante une hypothèque légale sur les acquêts de la communauté, vendus par le mari seul, pendant le mariage. Nous adoptons néanmoins l'opinion contraire avec la cour de Cassation (2), en nous fondant sur le principe, que le mari ne peut vendre ses propres biens qu'à la charge de l'hypothèque légale. Il nous semble aussi que, d'après les art. 1450, 2121 et 2135, bien entendus, la femme a une hypothèque légale, dispensée d'inscription, pour ses créances paraphernales (3). Toutefois, nous sentons toute la force de l'opinion diamétralement opposée qui lui refuse, en ce cas, toute hypothèque légale.

XLIII. Il peut être convenu dans le contrat de mariage, ou accordé par le conseil de famille, que l'hypothèque légale ne frappera que sur un ou certains immeubles du mari ou du tuteur. Ceux-ci ont aussi le droit, en se conformant à des formalités exigées dans l'intérêt de la femme et du mineur, de demander aux tribunaux, que l'hypothèque générale soit restreinte aux immeubles suffisans pour présenter une pleine garantie : il faut que la femme consente à cette restriction (4).

Mais la femme est, en général, capable de s'obliger : elle peut consentir toutes obligations non défendues par la loi; or, l'abandon ou la réduction de l'hypothèque de la femme n'ayant été frappés de nullité, que lorsqu'ils sont provoqués par l'intérêt seul du mari, la femme doit pouvoir céder ou réduire son hypothèque, toutes les fois qu'elle agit dans son propre intérêt, ou dans celui d'un tiers avec lequel elle peut contracter. Ainsi, elle a le droit, dûment autorisée, de subroger un créancier à son hypothèque légale; ainsi, en s'engageant elle-même solidairement avec son mari, elle est censée faire la remise de son hypothèque (5); et le créancier envers lequel elle s'est valablement obligée, s'il poursuit l'expropriation d'un immeuble du mari, sera colloqué, dans l'ordre, avant la femme, qui est sa débitrice, dont il peut exercer les droits. Nous irons même plus loin. Sans doute, sous le régime dotal, la

(1) Art. 2121, 2135, §. 2.
(2) 9 nov. 1819.
(3) V. aussi, sur l'hypothèque de la femme,
les art. 952 et 1054, et l'except. de 551, C. comm.
(4) Art. 2140, 2141, 2143, 2144, 2145.
(5) Cass. 12 février 1811.

femme ne peut aliéner, hypothéquer ses immeubles dotaux, même avec l'autorisation maritale, sauf quelques exceptions : mais la loi ne lui défend nulle part l'aliénation de sa dot mobilière (1) ; et, son hypothèque n'étant que l'accessoire d'une créance, un droit mobilier, il nous paraît, contrairement à l'opinion de la Cour suprême (2), qu'elle peut aussi la réduire et la céder, comme sous le régime de la communauté.

XLIV. Remarquons que l'art. 443 du Code de commerce a décidé irrévocablement qu'une hypothèque légale, ainsi que l'hypothèque judiciaire, ne peut se constituer, s'acquérir, dans les dix jours qui précèdent la faillite.

C. V. — *De l'effet des privilèges et des hypothèques contre les tiers-détenteurs.*

XLV. D'après les termes de la loi, qui répète sans cesse que l'acquéreur d'un immeuble grevé *est tenu* de payer, de délaisser, il faudrait voir, dans notre action hypothécaire, une véritable action personnelle, telle qu'elle existait en droit romain. La lettre de la loi pourrait induire, en outre, à une grave erreur, à croire que le nouveau propriétaire est obligé personnellement, d'après ces mots : « Le tiers-détenteur est tenu de *payer*... ou de *délaisser*..... ». « après sommation à lui faite, *de payer la dette exigible*, ou *de délaisser* (3) ». Mais la loi nous amène elle-même à rectifier cette inexactitude, et à renverser l'ordre de cette double obligation ; elle déclare que l'acquéreur de l'immeuble hypothéqué est obligé, *comme détenteur* ; que, s'il ne délaisse ni ne paie, les créanciers *peuvent seulement l'exproprier*. Reconnaissons, par conséquent, qu'il n'est point engagé personnellement ; que ses obligations sont purement passives ; qu'il n'est tenu que de délaisser, avec la faculté de payer, s'il préfère. Ce n'est pas lui, c'est l'immeuble qui doit.

XLVI. Les créanciers ayant privilège ou hypothèque sur un immeuble, le suivent en quelques mains qu'il passe, pourvu qu'ils soient inscrits, ou aient pris inscription, au plus tard, dans la quinzaine de la transcription de l'acte qui a transféré la propriété. Après ce délai, le créancier non inscrit ne peut surenchérir ; et quand même il prendrait alors une inscription, il n'a plus de droits envers l'acquéreur, ni même envers les autres créanciers de son débiteur (4).

---

(1) Art. 1554, 1555, 1556, 1557, 1558. — Art. 7, C. comm.

(2) 1er février 1819.

(3) Art. 2168, 2169.

(4) Art. 2166, 2185, 2186. — 834 C. pr. c.

Si un créancier a une hypothèque générale sur biens présens et à venir, et si le débiteur échange un de ses immeubles contre un autre, l'hypothèque s'étendra sur celui-ci, et continuera de grever l'immeuble aliéné (1).

XLVII. Le tiers-acquéreur est tenu comme détenteur :

Ou de payer toutes les dettes dont l'immeuble est grevé, en jouissant, toutefois, des termes et délais accordés au débiteur originaire;

Ou d'abdiquer cette qualité de détenteur, en délaissant l'immeuble, sans aucune réserve;

Ou bien, s'il ne veut ni payer, ni délaisser, de dégager l'immeuble, en remplissant les formalités de la purge.

Mais, s'il ne satisfait à aucune de ces obligations, les créanciers peuvent l'exproprier, en observant les formes et les délais prescrits par la loi.

Dans chacune des hypothèses précédentes, le tiers-détenteur a un recours, tel que de droit, contre le débiteur principal: il pourrait donc l'exercer, il nous semble, contre un donateur, pour les dettes hypothécaires provenant de son chef(2).

XLVIII. Le tiers-détenteur, quand il n'est point co-débiteur solidaire, caution, ou héritier de celui qui lui a vendu l'immeuble, ou quand il ne s'est point engagé envers le vendeur à payer la dette (en supposant la délégation parfaite); toutes les fois, en un mot, qu'il n'est pas personnellement obligé, peut s'opposer à la vente de l'héritage hypothéqué, s'il est demeuré d'autres immeubles affectés à la même dette, entre les mains du débiteur, et en requérir la discussion préalable, à moins que le créancier poursuivant n'ait privilège ou hypothèque spécialement sur l'immeuble (3).

Nous croyons conforme à ces principes de décider qu'un des héritiers du débiteur, assigné pour toute la dette par l'action hypothécaire, peut, en payant sa part personnelle, demander la discussion, ou délaisser pour le surplus, dont il n'est tenu que comme détenteur; car il y a en lui deux obligations, l'une personnelle, l'autre réelle.

XLIX. Il faut aussi, pour délaisser, n'être point obligé personnellement à la dette; il faut, de plus, avoir la capacité d'aliéner, ce qui n'enlève point ce droit au tuteur valablement autorisé.

Mais le délaissement n'est point une abdication de la propriété, ni même de la possession civile; ce n'est qu'une abdication de la possession naturelle, et l'adjudication seule dessaisit réellement l'acquéreur. Ainsi, jusqu'à cette époque, il peut reprendre l'immeuble, en payant toute la dette et les frais; et c'est sur lui que doit

---

(1) Cass. 9 nov. 1815.   (3) **Art.** 2170, 2171, 2023.
( ) Art. 2167, 2168, 2169, 2178, 874.

rctomber la perte de l'immeuble, quand elle a lieu depuis le délaissement et avant l'adjudication (1).

Nous ne saurions admettre une décision de la cour suprême (2), d'après laquelle un acquéreur pourrait délaisser *de plano*, sans même avoir tenté de purger.

L. Les détériorations que l'on peut imputer au tiers-détenteur, donnent lieu contre lui à une action en indemnité; car, à l'égard des créanciers, il n'a pu qu'avoir l'espérance de rester propriétaire. Mais il peut répéter ses impenses et améliorations, jusqu'à concurrence de la plus-value; et il ne doit les fruits de l'immeuble hypothéqué, qu'à compter du jour de la sommation de délaisser ou de payer. Ces fruits ne peuvent appartenir qu'aux créanciers hypothécaires, et comme ils sont immobilisés du jour même de la sommation, tous doivent être distribués par ordre, sans qu'il y ait lieu à l'exception introduite par l'article 689 du C. de Proc. Civ., pour le cas d'expropriation forcée.

Les créanciers personnels de l'acquéreur, quand le délaissement a été suivi de l'adjudication, sont admis, après tous ceux qui étaient inscrits du chef des précédens propriétaires, à exercer leur droit d'hypothèque, à leur rang; et, si le prix n'est pas entièrement absorbé, le tiers-détenteur ou ses créanciers même chirographaires peuvent réclamer le reste; le titre de l'acquéreur n'a été résolu qu'envers les créanciers privilégiés ou hypothécaires du vendeur.

C. VI. — *De l'extinction des priviléges et des hypothèques.*

§. 1.

LI. L'extinction de l'obligation principale entraîne celle des privilèges et des hypothèques. Ainsi, tous les modes extinctifs de l'obligation s'appliquent ici à ses accessoires (3)

L'hypothèque, néanmoins, pourrait revivre, si l'obligation elle-même renaissait par l'annulation du paiement, de la novation, par exemple; mais si l'inscription avait été rayée, l'intérêt des tiers exigerait que l'hypothèque n'eût rang qu'à compter de la nouvelle inscription.

Remarquons aussi que lorsqu'un tiers paye le créancier et se fait subroger à ses droits, l'hypothèque subsiste, quoique l'obligation ait été éteinte par le paiement.

(1) Art. 2172, 2173, 2177.
(2) 8 août 1816.

(3) Art 2180, 1234.

LII. La perte totale ou la mise hors du commerce de l'immeuble hypothéqué, la confusion, en supposant que le créancier acquière la totalité de la chose, éteindront l'hypothèque; mais elle renaîtra si la confusion cesse *ex causa antiqua;* dans le cas où le créancier, après avoir acquis à réméré l'immeuble affecté à sa dette, viendrait à en être dépouillé par la résolution de la vente (1).

LIII. l'hypothèque s'évanouit encore par la résolution de celui qui l'a constituée; principe qui reçoit, néanmoins, plusieurs exceptions; dans le cas, par exemple, où un absent reparaît, après qu'une hypothèque a été consentie pendant l'envoi en possession définitif; dans le cas où le titre d'un donataire qui a hypothéqué l'immeuble donné, se trouve révoqué pour cause d'ingratitude (2). On peut se demander, dans cette dernière hypothèse, si le créancier dont le titre serait antérieur à l'inscription qui aura été faite de l'extrait de la demande en révocation, pourrait encore s'inscrire dans les quinze jours à partir de cette inscription, qui est équivalente à la transcription dont parle l'article 834 du C. de Proc. Civ. Cette considération est d'une grande force, et il y aurait mêmes motifs pour décider de même ici. Sans doute l'article 834 établit un droit exhorbitant; mais, dès qu'un droit semblable existe consacré par la loi, il appartient à tous ceux qui sont également fondés, en principe, à le réclamer; il y aurait injustice à le leur refuser, par cela seul que la lettre de la loi est muette. L'article 958 du C. Civil suppose seulement qu'il y a eu des hypothèques *imposées,* et le donataire ingrat peut tout aussi bien commettre des fraudes au préjudice du donateur, si l'on décide que les créanciers hypothécaires ne sont admis à s'inscrire que jusqu'à l'inscription de l'extrait de la demande en révocation. On pourrait penser, toutefois, que l'article 834 est inapplicable, qu'il n'a eu en vue que les *aliénations.*

LIV. La renonciation du créancier à l'hypothèque doit nécessairement l'éteindre. Mais elle peut être tacite, quoiqu'il en soit autrement en matière d'usufruit (3). On a élevé plusieurs questions sur la renonciation tacite; nous croyons qu'elles sont toutes essentiellement des questions de fait, que c'est aux juges à apprécier l'intention des parties, et qu'il faut se garder de supposer trop aisément qu'un créancier a renoncé à ses sûretés, surtout dès qu'il y a doute, et que ce créancier déclare n'avoir point voulu ce qu'on induit d'un simple consentement qui peut recevoir une autre interprétation.

§. II.

LV. L'hypothèque s'éteint par la restriction qu'il ne faut point confondre

(1) *V.* art 2177.
(2) Art 128, 958.
(3) Art. 621.

8.

avec la réduction. Celle-ci ne s'entend que d'une somme excessive pour laquelle le créancier a pris inscription, et ne s'applique qu'aux créances indéterminées ; elle peut avoir lieu pour toute sorte d'hypothèques. La restriction ne s'adapte qu'aux hypothèques légales et judiciaires ; elle porte, non point sur la somme (qui n'éprouve aucune diminution), mais sur les immeubles qu'elle libère, en partie, de la charge de l'hypothèque générale.

L'action en restriction est admise et s'intente devant le tribunal compétent, toutes les fois que l'inscription grève plus de domaines-différens, ou une plus grande étendue d'un domaine divisible, qu'il n'est nécessaire à la sûreté des créances. La loi détermine l'excès de valeur que doivent avoir les biens, pour qu'il y ait lieu à restreindre l'hypothèque, et pose les bases de l'évaluation.

LVI. Quant à la réduction, il faut remarquer qu'elle ne peut s'opérer, si la créance est seulement conditionnelle ; car, alors, il y a une évaluation faite qui subsiste ou disparaît, selon que la condition se réalise ou non. Mais lorsque la créance est seulement indéterminée, ou tout-à-la-fois conditionnelle et indéterminée, on peut intenter la demande en réduction, dont la quotité est laissée à l'arbitrage du juge (1). Il devra arbitrer, non pas seulement les chances d'éventualité de la valeur, mais le plus ou moins de probabilité qu'il peut y avoir à ce que la créance se réalise, lorsqu'elle est éventuelle. Il pourrait donc, peut-être, prononcer la radiation de l'inscription, s'il ne voyait pas de probabilité d'existence pour la créance, s'il ne voyait, par exemple, aucune chance probable d'éviction, dans le cas du privilège des cohéritiers.

Lorsque l'évènement contredit l'évaluation du juge, et prouve qu'elle a été trop faible, la nouvelle inscription que le créancier peut prendre n'emporte hypothèque que du jour de sa date ; ainsi le veulent le principe de la publicité et de l'intérêt des tiers, et la règle, que le mal jugé est une force majeure dont le préjudice doit retomber sur celui qui l'a éprouvée.

LVII. Le sort du privilège ou de l'hypothèque dépendant de l'inscription, la loi n'a pu permettre de l'anéantir témérairement. La radiation ne peut avoir lieu de plein droit ; elle est volontaire ou forcée : elle exige et suppose toujours le consentement des parties capables, ou bien un jugement qui la prononce. Ce n'est qu'un acte matériel qui efface l'inscription : mais c'est, par conséquent, une sorte d'aliénation, qui n'est pas libre de la part de la femme ou du mineur ; ou, du moins, leur désistement ne peut avoir lieu que dans les cas et avec les formalités prescrites par la loi, pour la vente et l'abandon de leurs autres droits. Quant au tuteur,

(1) Art. 2161, 2162, 2163, 2164, 2165.

comme il est, en général, capable, comme il n'est assujetti à certaines formalités, que pour l'aliénation des immeubles de son pupille, il nous semble qu'il pourrait consentir seul la radiation de l'hypothèque qui existerait, au profit du mineur, sur d'autres biens que les siens.

Le consentement des parties doit être constaté par acte authentique. La radiation forcée doit être ordinairement poursuivie devant le tribunal compétent que nous avons déjà signalé (1). Pour qu'elle puisse s'opérer, il faut que le jugement soit passé en force de chose jugée, c'est-à-dire qu'il ne soit plus susceptible d'appel, qu'il n'y ait plus aucun moyen ordinaire de se pourvoir contre lui (2). Si un jugement en dernier ressort, qui a prononcé la radiation, vient à être cassé, l'inscription rayée ne pourra reprendre son rang primitif.

§. III.

LVIII. La prescription est aussi un moyen d'éteindre les privilèges et les hypothèques; mais il faut la distinguer dans la personne du débiteur et dans celle du tiers-détenteur (3).

Relativement au débiteur, ce n'est pas un moyen particulier de s'affranchir de l'hypothèque; c'est l'extinction de l'accessoire par l'extinction de la créance même: elle est donc acquise au débiteur, quant aux biens qui sont dans sa main, par le temps fixé pour la prescription des actions qui sont garanties par l'hypothèque.

LIX. Relativement au tiers-détenteur, c'est une prescription à l'effet d'acquérir l'affranchissement de l'immeuble; elle lui est assurée par le temps qui lui serait nécessaire pour prescrire la propriété à l'égard du créancier. Cette prescription remarquable n'est donc pas subordonnée à celle de la propriété; elle est seulement soumise au même laps de temps. D'après ce principe, il nous semble que, dans l'hypothèse de l'article 559, le tiers-détenteur jouirait de la prescription d'une année, même contre le créancier absent. Dans le cas où elle suppose un titre, elle ne commence à courir que du jour où il a été transcrit sur les registres du conservateur, parce que souvent cette formalité seule avertit les créanciers de l'aliénation. Une fois la transcription faite, l'acquéreur, quand même il ne purgerait pas, prescrit valablement par dix ou vingt ans; car, il est de bonne foi: à moins que la vente, dans le contrat, n'eût été déclarée faite à charge d'hypothèques.

Il est à remarquer que l'aliénation peut profiter aux créanciers hypothécaires

---

(1) Art. 2157, 2158, 2159, 2160.
(2) Art 264, 265, 2056, 2215. — Art. 449, 478 C. pr. c.

(3) Art. 2180, §. 4.

du vendeur, en supposant celui-ci de mauvaise foi, et l'acquéreur de bonne foi ;
car, les hypothèques consenties par le premier seront alors plutôt consolidées,
que s'il eût gardé l'immeuble. Dans cette même hypothèse, le tiers-détenteur, tout
en prescrivant par dix ou vingt ans contre le propriétaire, pourrait ne prescrire
que par trente ans l'action hypothécaire contre le créancier, s'il était de mauvaise
foi, à son égard.

Les inscriptions prises par le créancier n'interrompent point la prescription qui
court contre lui ; et, si la créance n'est pas exigible, il ne peut faire une sommation
de délaisser, avant l'échéance : mais il pourra interrompre la prescription par une
action en déclaration d'hypothèque, qui n'est plus admise que dans ce cas (1).

§. IV.

LX. Il nous reste à parler d'un dernier mode d'éteindre les privilèges et les
hypothèques, qui est d'une haute importance : des formalités de la purge (2).

Le principe de ce mode d'extinction est de mettre les créanciers dans l'alterna-
tive ou d'accepter le prix, s'ils s'en contentent, ou, s'ils le trouvent insuffisant,
d'enchérir pour évincer l'acquéreur.

Les contrats translatifs de la propriété d'immeubles ou droits réels immobiliers,
que les tiers détenteurs voudront purger de privilèges et hypothèques, seront
transcrits en entier par le conservateur des hypothèques, dans l'arrondissement
duquel les biens sont situés. Il ne nous paraît pas nécessaire, dans le cas où les
précédens propriétaires n'auraient point purgé, d'imposer au nouvel acquéreur la
nécessité de faire transcrire tous les actes précédens d'aliénation. Il suffit qu'il n'ait
rien à se reprocher à l'égard des créanciers, qu'il doit avertir, et, pour cela, qu'il
fasse connaître au conservateur les noms des précédens vendeurs, ce qui donne les
noms des créanciers inscrits. Si le conservateur fait alors quelque omission, il sera
passible de l'article 2198.

Le vendeur ne transmet à l'acquéreur que la propriété et les droits qu'il avait
lui-même sur la chose vendue ; il les transmet sous l'affectation des mêmes privilèges et hypothèques dont il était chargé. Mais la simple transcription des titres
translatifs de propriété ne purge pas les hypothèques et privilèges établis sur l'immeuble ; il faut que le nouveau propriétaire, pour se garantir de l'action que peu-

(1) Cass. 27 avr. 1812.

(2) La concession légale d'une mine purge,
en faveur du concessionnaire, les hypothèques
acquises sur le terrein ; mais la valeur de la
mine reste affectée aux hypothèques ou privilèges, etc. (L. du 21 avril 1810.)

vent exercer les créanciers, leur fasse une notification déterminée par la loi, dans le mois, au plus tard, à compter de la première sommation qui lui est faite ; il faut aussi qu'il déclare, par le même acte , qu'il est prêt à acquitter sur-le-champ les dettes et charges hypothécaires, jusqu'à concurrence seulement du prix , sans distinction des dettes exigibles ou non exigibles (1).

LXI. Quels sont les caractères et les effets de la transcription ? Est-ce elle qui rend la vente parfaite, qui transfère vraiment la propriété ?

Ainsi le décidait formellement la loi du 11 brumaire an vii par un de ces articles, qui fut répété dans le projet du Code civil, proposé au conseil d'état, supprimé sans qu'il y eût eu de décision expresse à cet égard, et remplacé par l'article 2181. Il semblerait juste d'en conclure que le Code n'a point admis le principe de la loi de brumaire ; aussi le rapporteur du Tribunat au Corps Législatif, a-t-il hautement proclamé que « la transcription n'est plus nécessaire pour la transmission des droits du vendeur à l'acquéreur, respectivement à des tiers. »

Néanmoins, il faut en convenir, la question restait encore douteuse, d'après quelques articles du Code, dont les termes prêtent beaucoup à l'opinion qui veut que la transcription soit encore nécessaire pour transférer la propriété, à l'égard des tiers. On a tiré d'ingénieuses et quelquefois de puissantes inductions des art. 711, 941, 1140, 1238, 1303, 1583, 1867, 2189, 2198 (2).

La donation n'est vraiment parfaite, à l'égard des tiers, que par la transcription : Mais cette disposition fut arrêtée, sous l'empire de la loi du 11 brumaire an vii, afin d'éviter la formalité de l'insinuation dans des registres particuliers ; et les procès-verbaux attestent qu'on ne voulut rien préjuger, du reste, sur la nécessité de la transcription pour parfaire les aliénations, en général : c'est dans le même esprit qu'on rédigea les autres articles du Code, jusqu'au titre des privilèges et des hypothèques. Auparavant, en effet, on ne pouvait savoir si la loi consacrerait le système de la publicité, et adopterait, ou non, la formalité de la transcription.

Plusieurs articles, au titre des privilèges et des hypothèques , semblent prouver que le législateur a voulu déroger à la disposition de la loi du 11 brumaire an vii. Il importe de remarquer qu'on avait rédigé d'abord l'article 2167, en ces termes : « pour *consolider* et purger sa propriété, etc. » ; et que le mot *consolider* fut supprimé, parce que le Tribunat fit observer que la transcription ne devait plus être nécessaire, pour transférer pleinement la propriété.

Dans l'opinion contraire, on peut être entraîné à des conséquences inadmissibles

(1) Art. 2181, 2182, 2183, 2184.
(2) V. un art inséré dans la *Biblioth. du Barreau*, en 1812. — La *relation du Concours* ouvert, à Paris, en 1819, pour la chaire de droit romain — *Thémis*, t. v, p. 481

contre l'acquéreur qui ne purge point, et pour concilier les articles qu'on invoque, il faut supposer que la tradition et la transcription sont, à-la-fois, nécessaires pour la transmission des propriétés immobilières.

Des documens précieux qui ont été déjà révélés, en grande partie, dans *l'Esprit du Code de Procédure civile*, nous permettent de décider complètement la question. Nous avons eu entre les mains les pièces originales.

En l'an XIII, le directeur général de l'enregistrement écrivit au ministre des Finances, pour solliciter une décision du Conseil d'état, en vertu de laquelle les créanciers hypothécaires du vendeur eussent le pouvoir de prendre inscription, tant que l'acquéreur n'aurait pas fait transcrire son titre, mais pourvu que l'hypothèque eût été constituée antérieurement à la vente. Le ministre répondit que cette opinion lui paraissait conforme à la loi : cependant il consulta le Grand-Juge, qui pensa que la transcription seule pouvait, comme sous la loi de brumaire an VII, transférer la propriété. Une correspondance s'engagea entre le Grand-Juge et le directeur général de l'enregistrement, qui soutenait que le Code avait repoussé la nécessité de la transcription. Enfin le Conseil d'état fut consulté et adopta, le 11 fructidor an XIII, un projet d'avis terminé par ces mots : « Il ne doit point rester de doute que, depuis le Code civil, la vente authentique ne suffise pour arrêter le cours des inscriptions, même par rapport aux créanciers du vendeur, dont l'hypothèque *non inscrite au temps de la vente*, est sans force à l'égard du tiers acquéreur. » Le lendemain, l'empereur approuva et signa la décision. Mais, déjà le Grand-Juge avait terminé son rapport à l'Empereur par l'expression de la crainte qu'il y eût une diminution dans les recettes de l'enregistrement; il paraît que la direction fit de nouvelles représentations, dans le même esprit : Le 16 février 1806, M. Maret annonça, par une lettre, que S. M. voulait que la question fût de nouveau discutée sous sa présidence, et la signature impériale fut biffée. Le Conseil d'état dut fléchir devant la volonté de celui qui le présidait, et modifia, le 27 février 1806, en ces termes, sa première décision : « La transcription est nécessaire pour purger les hypothèques non inscrites, *antérieures à l'aliénation.* » De là résulta, quelques mois après, l'art. 834 du Code de procédure civile, qui accorda même un délai de quinze jours après la transcription, aux créanciers non inscrits. Il faut avouer que, par ce *mezzo termine*, on s'est rapproché du système de la loi de brumaire; mais il est évident que le législateur avait formellement reconnu que ce n'est plus la transcription qui transfère la propriété.

Quel est donc le but, dira-t-on, quels sont les effets de la transcription? elle est une formalité auxiliaire de la publicité, elle est la première condition, le premier élément de la purge, puisqu'elle avertit les créanciers, leur déclare le prix et les conditions de la vente, et fait courir contre eux le délai fatal de la surenchère ; dès l'instant où elle a eu lieu, elle affranchit l'acquéreur de la responsabilité qu'entraînerait l'omission, dans les certificats, de quelques-unes des inscriptions, et la fait retomber sur le conservateur; enfin, elle fait courir le délai pour la prescription de l'action hypothécaire (1).

LXII. Lorsque le tiers-détenteur a fait la notification dans le délai fixé, (mais il n'est pas tenu de la faire aux créanciers inscrits seulement depuis la transcription), tout créancier, dont le titre est inscrit, peut requérir la mise aux enchères de l'immeuble grevé, pourvu qu'il satisfasse aux conditions prescrites par la loi, dont les plus importantes sont : que la réquisition soit signifiée au nouveau propriétaire dans quarante jours, au plus tard, à partir de la notification qu'il a faite; qu'elle contienne soumission de porter ou faire porter le prix à un dixième en sus, et offre de donner caution jusqu'à concurrence du prix et des charges. L'exploit doit la désigner, à peine de nullité; et le Trésor lui-même, comme vient de le décider, il y a peu de jours, la Cour de cassation (2), est absolument tenu de donner cette caution : si elle est rejetée, l'acquéreur sera définitivement maintenu, à moins que d'autres créanciers n'aient aussi surenchéri (3). Si l'immeuble a été vendu à charge d'une rente, même au profit d'un tiers, la surenchère doit porter sur le capital de la rente, outre le prix (4).

A défaut, par les créanciers, d'avoir requis la mise aux enchères dans le délai et les formes prescrites, le nouveau propriétaire est libéré de tout privilège et hypothèque, en payant ou en consignant le prix stipulé dans le contrat, ou évalué dans la notification.

LXIII. En cas de revente sur enchères, elle aura lieu suivant les formes établies pour les expropriations forcées, et l'acte d'aliénation tiendra lieu de minute d'enchères (5). Mais il importe de remarquer qu'il y a de graves différences entre la procédure de l'expropriation forcée et celle de la surenchère, que la première est surtout accompagnée d'une plus grande publicité. Par conséquent, de ce que l'acquéreur ou le donataire qui conserve l'immeuble, en se rendant dernier enchérisseur, n'est pas tenu de faire transcrire le jugement d'adjudication, nous n'en conclurons pas que l'adjudicataire sur saisie immobilière en soit tenu, pour arrêter le cours des inscriptions, et que l'art. 834 du Code de procédure civile lui soit applicable (6). La question est plus douteuse à l'égard de l'adjudicataire sur poursuite de sur-

(1) Art. 2183, 2198, 2180, §. 4. — Art. 834 C. pr. c.

(2) 8 août 1826.

(3) Art. 2185. — Art. 835, 832, 833 C. pr. c. — Cass. 4 janv. et 8 mars 1809.

(4) Cass 25 nov. 1811.

(5) Art. 2186, 2187. — Art. 838 C. pr. c.

(6) Art 2189. — Art 695, 749, 750, 832 C.

enchère; car l'art. 2177 peut conduire à décider qu'il est tenu de transcrire, pour purger du chef de l'acquéreur dépossédé. Nous ne pensons point qu'il puisse y avoir lieu contre lui à la surenchère du quart, dont parle l'art. 710 du Code de procédure civile (1).

Dans le cas où l'acquéreur reste adjudicataire, il doit être réputé propriétaire, du jour de la vente qui lui a été faite, et qui a été seulement confirmée, purifiée par l'adjudication. Il a son recours, tel que de droit, contre le vendeur, pour le remboursement de ce qui excède le prix stipulé par son titre (2).

LXIV. La purge des hypothèques légales de la femme et du mineur, lorsqu'elles ne sont pas inscrites, est soumise à des formalités particulières; en sorte qu'elle peut avoir lieu sans transcription, si l'immeuble est grevé de ces seules hypothèques.

Le tiers-détenteur doit déposer au greffe du tribunal de première instance une copie du contrat translatif de propriété, et notifier ce dépôt, tant à la femme ou au subrogé-tuteur (3), qu'au procureur du roi; un extrait du contrat reste affiché pendant deux mois dans l'auditoire du tribunal, ce qui constitue le délai de surenchère; car, pendant ce temps, les maris, tuteurs, parens ou amis, les femmes et mineurs même, sont reçus à requérir l'inscription. Si elle n'a pas été prise dans ce délai, les biens restent entre les mains de l'acquéreur, entièrement libérés (4). Le délai fatal pour l'inscription est donc le même pour l'exercice du droit de surenchère. Peut-être, pourrait-on justement invoquer les articles 2252 et 2256; mais plusieurs autres (5), et surtout l'intérêt de la propriété, s'y opposent : il y a ici une déplorable lacune dans la loi; car le libre exercice du droit de surenchère tient vraiment à l'essence de l'hypothèque. Comme la purge et les conditions auxquelles elle est soumise ne sont que dans l'intérêt du nouveau propriétaire, nous pensons que la femme ou le mineur, quand même ils n'auraient pas pris inscription dans le délai de deux mois, pourraient se présenter et être colloqués dans l'ordre, avant sa clôture (6).

---

(1) Cass. 22 juin 1819.

(2) Art. 2191.

(3) Si la femme ou le subrogé-tuteur ne sont pas connus, *V.* Avis du Cons d'Et. du 1er juin 1807.

(4) Art. 2193, 2194, 2195.

(5) Art. 942, 1070, 1074, 2095.

(6) Art. 2198. — Douai, 14 avril 1820.

www.ingramcontent.com/pod-product-compliance
Lightning Source LLC
Chambersburg PA
CBHW070804210326
41520CB00011B/1816